PAUL ADAM

LES CŒURS
NOUVEAUX

PARIS
PAUL OLLENDORFF

1896

IL A ÉTÉ TIRÉ A PART
CINQ EXEMPLAIRES SUR PAPIER DE HOLLANDE
NUMÉROTÉS A LA PRESSE

POUR

ERNEST KOLB

LES COEURS
NOUVEAUX

DU MÊME AUTEUR

I. — L'ÉPOQUE

Chair molle. — Soi. — La Glèbe. — Robes Rouges. — Le Vice filial. — Les Cœurs utiles. — Le Conte futur. — Les Images sentimentales. — La Parade Amoureuse. — La Force du mal.

II. — LES VOLONTÉS MERVEILLEUSES

Etre. — En Décor. — L'Essence de Soleil. — Princesses Byzantines. — Le Mystère des Foules.

III. — CRITIQUE DES MŒURS

IV. — DRAMES

L'Automne. (Écrit en collaboration avec M. Gabriel MOUREY.)
Le Cuivre. (Écrit en collaboration avec M. André PICARD.)

Tous droits de reproduction et de traduction réservés pour tous les pays y compris la Suède et la Norvège.

S'adresser, pour traiter, à M. PAUL OLLENDORFF, éditeur, rue Richelieu, 28 *bis*, Paris.

LES CŒURS NOUVEAUX

I

Ce matin d'automne et sous la charmille de leur terrasse, malgré l'horizon des bois en or, des vignes rouges, ni M. Cassénat ni sa femme ne jouissaient de leur bonheur habituel.

Une lettre décevante restait ouverte sur le porphyre de la table. Sans parler, tous deux regardaient le doux vent de Touraine frôler la missive, la faire courir à travers le marbre, parmi les folioles mortes. A peine Mme Cassénat détournait-elle les yeux vers la glace posée sur ses genoux. L'image de sa chevelure épandue s'y amplifiait, très brunie par la teinture fraîche séchant au soleil.

Lui époussetait sa belle barbe rousse. Enfin, jetant son cigare, il se leva pour dominer de sa stature les prairies lisses, ceintes par l'horizon des coteaux. Sur l'autre rive de la Loire, le château d'Amboise haussait sa tour énorme et courte. De là venait directement la route blonde, avec ses peupliers, dont les ramilles déjà nues rayaient la perspective verte, les mares oblongues, claires comme le miroir de la dame.

Sous le ciel, un mail-coach se précisa dans le champ de la lorgnette que M. Cassénat avait prise.

— Enfin la voilà ! Sûrement c'est elle qui mène. Quel trot !

Mme Cassénat plaignit les chevaux tendrement. Elle récrimina contre le mauvais genre de sa fille, qui, chaque matin, se réjouissait d'offrir le *four-in-hand* à cinq voisines anglaises achevant leurs études sous la direction d'un ménage méthodiste.

— Je ne la corrigerai jamais, cette enfant, jamais! Sait-on seulement d'où sortent ces misses-là ?... Ça joue au tennis toute la journée... ça s'habille comme des garçons... Elles scandalisent Amboise... Et Valentine!... Ah! vraiment!..

— Je vais lui dire deux mots... je vais les lui dire, mes deux mots !

— Ce pauvre garçon !

— Briser une vie d'homme comme ça, par caprice !

On entendit la trompette de la voiture. Maintenant la caisse noire et jaune du mail grandissait, portant, à l'impériale, une floraison de jeunes filles, la silhouette dure du sonneur de trompe.

— On dirait, reprit Mme Cassénat, qu'elle sent notre désir de la confier à un époux, et qu'elle résiste par esprit de contradiction...

— Oh! elle le sent, ma chère, elle le sent... A son âge, on devine ces choses-là...

— Alors, je ne comprends plus... Elle devrait se rendre compte que nous sommes encore jeunes, que nous avons besoin de notre liberté, et que dix-sept ans de sacrifices, pour elle, suffisent.

— Elle n'a pas de cœur, ta fille, nul cœur...

— C'est drôle, nous qui en avons tant, Albert, tant !... plus qu'aux premiers jours... certes plus...

La dame se penchait, en souriant de toute sa denture.

Quand M. Cassénat se remit en observation, les Anglaises descendaient du mail au bas de la côte.

Aussitôt le père admira l'attitude savante de la coach-woman. Très étroite, l'avenue du château se haussait entre des roches. Il fallait avoir sur les chevaux la main forte, au tournant surtout qui précédait le porche de cette vieille demeure huguenote, construite pour être inaccessible à l'assaut, vers les temps de la Ligue.

Intrépidement, Valentine tourna. Penchée en arrière, adossée et roidie, elle parut une petite personne nerveuse, au large dans un paletot-sac de drap blanc à lourds boutons de nacre. Ses mains, gantées de fauve, se crispaient sur les rênes. Les bêtes, en sueur, polkaient sur place... M. Cassénat ne résista point :

— Parfait, ma fille ! parfait !

L'attelage, adroitement maintenu dans la souplesse des guides, s'arrêta juste, ayant viré sous le porche. Les valets de pied sautèrent.

Par l'échelle de fer, la meneuse dégringola du siège. Elle se campa devant l'attelage, la face encore emmaillotée de gaze grise, contre la poussière.

Les quatre bêtes soufflaient, encensaient, se couvraient d'écume.

Déjà les portes de la sellerie s'étaient ouvertes; des gaillards actifs dételaient. Des brosses et des seaux sonnèrent contre les grès. Valentine avait gravi le perron intérieur; la traîne de la robe, simple et brune, s'arrondissait derrière sa marche pour enlever, dans son sillage, les brindilles tombées des arbres, les restes des feuilles.

Sa mère l'appela. Elle dut suivre la galerie ouverte qui menait jusque sur la terrasse; mais elle allait à reculons, donnant des ordres. Soudain, s'étant retournée, elle remarqua l'allure sévère de ses parents. On lui indiquait la lettre d'un doigt justicier.

— Paul Ancusse a quitté l'Europe.

— Ah! ah!... Ce bon *squatter*!...

— La lettre vient d'un paquebot en partance pour l'Australie.

— Bah ! Il retourne à ses moutons ?

— Tu n'as donc pas de cœur, Valentine ?

— Pas ça, mère. Je sais pas où ça niche...

Mme Cassénat se contint mal. Avec des paroles pompeuses, elle rappelait ses soins pour faire réussir ce mariage. Exprès on avait organisé une croisière en yacht, afin que les jeunes gens se connussent. Riche et d'une incontestable beauté virile, comment avait-il pu ne pas plaire ?

— Trop bête ! assura nettement Valentine.

Elle disait ça de tout le monde. Le père refit l'éloge de ce prétendu. Instruit, il l'était, puisque l'Institut de Londres couronnait son travail sur le *pterodactylus modernis*, animal découvert dans la Tasmanie. Habillé comme le prince de

Galles, solide à défoncer du poing les têtes de son bétail ; valseur... Enfin que fallait-il à l'insupportable enfant ?

Les quatre chevaux du mail, vêtus alors de couvertures à carreaux, ressaisirent l'intérêt de Valentine. Par les portes ouvertes de l'écurie, on les voyait manger gravement l'avoine avec des airs de jeunes snobs déchiquetant du céleri du bout des incisives.

— N'est-ce pas, mère? demanda-t-elle, ravie de sa comparaison.

— Entends-tu, Valentine ; tu l'as désespéré, ce garçon. Tu as joué la coquette; il s'est passionné... Le voilà fou... On ne sait pas... Les malheurs arrivent...

Valentine consentit à s'expliquer. Certes il l'avait séduite d'abord. Seulement on ne se marie pas pour admirer toute sa vie l'Apollon du Belvédère habillé par Snokton de Londres. Sa conversation manquait d'aperçus rares. Et surtout elle n'admettait pas cette prétention qu'il avait eue de la diriger avant le mariage même... Elle voulait vivre plus librement.

— Mais il avait bien raison, Paul Ancusse! s'écriait Mme Cassénat. Tu comptes donc passer ta vie comme ça, en selle ou sur un siège de mail?

— Je ne sais pas, moi... ça m'amuse, les bêtes... sauf lui...

— Te voilà tout à fait jeune fille aujourd'hui. (Et le père, croisant ses bras, la dévisageait impérieusement.) Il va falloir abandonner ces petits exercices, le mail surtout.

— Pourquoi ça, père? Oh! non...

— Mais, ma chère amie, c'est mauvais genre. Une jeune personne bien élevée ne mène pas à quatre.

— Oh! si...

— Mon enfant, laisse cela.

— Allons, bon!... Parce que ce *squatter* a dit des imbécillités...

— Valentine !...

La cloche sonna les premiers coups avertissant l'heure prochaine du déjeuner.

— Moi, j'ai faim ! Je vais me changer, déclara l'enfant.

Et elle disparut vers les vestibules, ses jupes aux mains, pour courir plus vite.

Mme Cassénat haussait les épaules. Elle rattacha sa chevelure enfin séchée et devenue couleur de chaudron vénitien.

Son mari murmurait :

— En vérité, cette petite nous dépasse... elle nous dépasse...

Et il la regardait s'amoindrir dans les perspectives claires des vestibules béant sous la marquise blanche.

Dans sa chambre, Valentine eut un très gros chagrin. Il la passionnait tant de courir la campagne en soulevant le trot droit de l'attelage avec une courbe élégante du fouet.

« Ce Paul Ancusse, vraiment ! pensait-elle. Pourquoi s'être mis à la juger comme si elle lui eût appartenu. Oh ! avoir dit aux parents qu'il devenait inconvenant qu'elle menât ! »

Les chers animaux !... Ils portaient les noms des rois mages : Gaspard, Melchior, Balthazar, et le quatrième, réputé pour son mauvais caractère, sa fierté ombrageuse, s'appelait noblement Hérode.

Melchior était plutôt enjoué, très farceur. Valentine l'avait dressé à saisir les mouchoirs, à soulever les chapeaux des têtes qu'ils couronnaient. Et pour elle, c'était une grande joie de le faire monter par un domestique pendant qu'elle chevauchait Gaspard, dit « le Devoir », à cause de son âme vertueuse et de son trot ponctuel. Dans les villages, Melchior accomplissait mille farces plaisantes, tout espiègle, avec maintes « galipettes » et en étincelant des quatre fers, et en « goupillonnant », malgré la cravache, la bride.

Ne plus être *sa mère !* Valentine en eût pleuré. Cependant elle s'était dévêtue de son paletot. Engainée dans une robe brune à bordure de zibeline, elle s'estima fort agréable à voir.

En vérité, elle se croyait une bienheureuse personne, Valentine Cassénat. Tout l'égayait dans la vie : les hommes, les bêtes, les choses, la science, elle-même.

Quand elle se permettait, en cachette, de sortir de sa poche une minuscule boîte d'or dont le fond offrait un miroir, elle riait en s'y regardant, parce que ses cheveux châtains, appuyés en bandeaux lisses contre les tempes, donnaient un air trop sérieux à sa figure bise, où mille petites taches de rousseur mettaient de l'animation, surtout vers les yeux et le sommet du nez, finement aquilin, impérieux et définitif.

Elle se moquait de ses yeux, qui ne disaient rien, en somme, étant d'un châtain banal pareil à ses cheveux. Ils lui semblaient plutôt graves. Et si elle pensait à eux, ce qu'elle savait de sévère lui envahissait aussitôt l'imagination : les figures de la géométrie, les faits illustres de l'histoire, la classification des plantes ou les deux hypothèses de l'électricité...

La jeune fille songea tout à coup à l'heure. Elle avait encore cinq minutes pour descendre aux écuries; elle s'y précipita.

Les bêtes rêvassaient sur leurs jambes, le poil net et luisant, devant les mangeoires. Melchior hennit avec reproche en tirant sur sa longe. Il regarda fixement sa maîtresse, puis se détourna, secoua la tête, montra encore sa mâchoire, ironiquement. Les murs garnis de faïence blanche, le fer poli des râteliers, le pitchpin tout neuf des box ne lui importaient pas. Évidemment quelque chose l'offensait. Il refusa du sucre, que le noble Hérode happa tout de suite, non sans surveiller d'un œil torve les geste de sa dompteuse quotidienne. Gaspard et Balthazar se caressaient fraternellement l'encolure, en fonctionnaires qui, la besogne terminée, ne doivent plus rien au gouvernement, dédaignent ses faveurs et sa personne.

A observer ces allures civilisées des bêtes, la jeune fille prit beaucoup de gaieté. Elle causa follement jusqu'à ce que la cloche du déjeuner s'ébranlât.

La salle à manger, en laques rouges et blanches, s'éclairait du soleil puissant. Et, par les fenêtres, on voyait, sur le vert des prairies, les troupeaux paître, les express fuir, la Loire scintiller.

Aux premiers coups de fourchette, M. Cassénat reprit la querelle. Puisqu'il en était ainsi, on partirait le surlendemain pour les Vosges. Il relut une invitation de Mme Gresloup et de son neveu. Une troupe de sangliers avait envahi leurs bois. On chasserait. Valentine tenta une moue. Sa mère cessa de se contenir. Il fallait que sa fille cédât enfin aux désirs de ses parents.

— Oh! ce n'est pas la chasse qui m'ennuie, c'est ce Karl de Cavanon... ce monsieur qu'on plaint, qu'on choie, qui pose, qui imite tout le temps Childe-Harold... Dieu, quel sujet de pendule !

M. Cassénat s'exaspérait visiblement. Valentine se tut. Pendant que les plats s'inclinaient vers elle aux mains du serveur, elle maudit cet homme de trente ans, qui méprisait les êtres d'un rire peu visible diminuant ses lèvres épaisses sous la moustache troussée.

Au cours de cette campagne maritime, la jeune fille avait-elle souffert entre Paul

Ancusse, qui fatiguait l'admiration par sa beauté, sa richesse, et Karl de Cavanon, qui, à propos d'une vague, d'un oiseau de mer, d'un calembour, édifiait des théories cosmogoniques de trois heures, ou bien jouait le modeste, se disait imbécile, afin que l'on se récriât sur son génie.

« Ah ! les diseurs de chimères !... et puis il aimait tant les pauvres... Une victime de l'amour, ma chère !... »

Valentine, pour s'être murmuré ces paroles, faillit éclater de rire. Un « Eh bien » de son père, la fit se donner plus attentivement au soin de goûter la sauce vraiment réussie d'un canard aux oranges.

Cependant une fleur terrible se mit à germer dans l'ombre de sa mémoire. En vain essayait-elle d'esquiver la certitude d'un trouble. Elle savait trop que, vers la fin de la navigation, l'œil gris du déclamateur l'avait rendue frémissante. Les choses folles qu'il contait habituellement sur les mondes, sur les forces universelles,, avaient ravi. Une fois même, pendant une escale, à la lanterne d'un phare, comme il montrait avec des paroles étranges l'abîme du firmament sous lequel roulait la planète, il avait paru que la course de la terre se précipitait, et qu'un ciel autre, plein de comètes folles, se déroulait vertigineusement.

La même peur reprit Valentine. Certes, à des heures spéciales, rares, le diseur de chimères attirait.

Valentine eût pleuré. Sans les voir, elle regardait fixement les sauces qui palpitaient sur l'argent clair des réchauds.

Bientôt elle se rassura. Ces instants de sympathie avaient été si brefs. A l'heure de la séparation, dans la gare de Vannes, elle avait ressenti tout au plus un regret mondain. Donc, si elle aimait quelque chose de cet homme, ce n'était pas la personne, mais le singulier esprit, la sotte allure philosophique, cela même pour quoi elle le jugeait fastidieux. Le charme émanait de l'emphase. Et cette déchéance de son jugement navra la jeune fille.

On se leva de table. Un peu froissés, les parents affectèrent des confidences entre eux; par allusions à certaines choses ignorées d'elle.

On revint sur la terrasse, pour le café. A peine la conversation se renoua-t-elle, quand il fallut choisir le mode de transport favorable aux chevaux. Melchior, le noble Hérode, Balthazar et Gaspard voyageraient aussi.

La promptitude des décisions saisit Valentine. Se retrouver en présence du diseur de chimères, cela ne lui vaudrait-il pas la honte de subir une influence ridicule, au moins la peine de résister à cette influence, de s'y dérober?...

Surtout elle redouta que M. de Cavanon

vînt à soupçonner son prestige, qu'il en abusât. Pouvait-elle ne pas suivre ses parents ? Aucune explication n'eût suffi.

M. Cassénat vida sa tasse très vite. Il accumulait, pour l'après-midi, les projets de préparatifs; il monta chez lui, afin d'écrire des lettres annonçant le départ.

Valentine dut entendre sa mère commenter encore l'histoire de leurs amis; et les noces de Marthe Gresloup avec un homme de lettres pauvre, qui l'avait abandonnée pour se mal conduire à l'aise; et l'enfance de ce petit Karl de Cavanon que sa mère indifférente, remariée, avait laissé Marthe lui prendre. La chère dame avait, sur cet enfant, mis toute sa complaisance. En vieillissant, elle s'attristait de le sentir malheureux, si peu fier de vivre, malgré tant d'affection soigneuse.

La jeune fille, à ce point du discours, eut une réplique ardente. Que manquait-il à ce monsieur ? Car enfin les calamités se comptent. Il y a la perte des parents, la maladie, la ruine. M. de Cavanon restait exempt de ces malheurs. Ne passait-il pas le temps, selon sa guise, à construire des usines modèles, des phalanstères, à consumer dans ces folies la fortune de sa tante?

Mme Cassénat décrivit un geste, de sa fine main aux doigts cuirassés de joyaux, puis se mit à regarder les prairies en soupirant.

— Voyons, quoi? Mère, ne soupire pas.

— Dois-je te le dire?... Enfin, peut-être cela t'apprendra-t-il à ne pas jouer avec ces choses... mauvaise enfant! Tu ne sais pas le mal qu'on porte dans son regard. Le pauvre Paul!

— Allons, bon... encore!!! Alors, c'est l'amour qui mine M. de Cavanon, tout comme à l'Opéra... *Do, mi, sol, do...!!*

Valentine battait la mesure comiquement.

— Oui, un amour extraordinaire, petite folle... tout à fait romanesque...

— Oh?... oh!... et alors?

— Comprends-moi... c'était une femme de théâtre, une tragédienne... Elle l'a quitté, il y a huit mois... et voilà : il ne se console point. Marthe craint qu'il ne se suicide...

— Dieu! que c'est ridicule!... Faut-il être ridicule!...

— Ridicule, pourquoi? Va, tu ne sais rien de la vie.

L'enfant ne put s'empêcher de déployer son rire. Elle se représenta Karl de Cavanon soupirant et agitant des poignards, ainsi que dans les drames, aux pieds d'une créature fardée, stupide, sans naissance, sans éducation... Qu'il vînt ensuite pleurer devant les autres, parce que la marionnette était rentrée dans la trappe... cela lui semblait extrêmement saugrenu. Elle ne se pardonnait plus l'émotion passagère value par les paroles du bateleur...

— Mais il est fou... le pauvre garçon, reprit-elle. On devrait essayer de l'hydrothérapie.

Dans un rire outré, Valentine se vengea de sa faiblesse mystérieuse, et elle riait, riait démesurément.

— Taisez-vous, cria sa mère, vous êtes une petite fille incapable de comprendre... Tiens, après tout... puisses-tu rester ainsi longtemps. Tu ne souffriras guère, toi...

Mme Cassénat parut furieuse de savoir que sa fille ne souffrirait pas. Campée dans sa robe rouge et soufre, elle soumettait l'enfant à l'éclat de ses grands yeux verts ; puis elle se reconquit, retapa ses frisures, se croisa les bras devant les prairies en tirant jusqu'au coude ses gants de Suède. La pointe du soulier tapotait le sable, et elle gardait à ses lèvres en laque un sourire d'impertinente commisération.

Pendant la croisière, la jeune fille avait deviné l'histoire. Sa malice se plaisait cependant à voir s'exalter sa mère sentimentale. Et puis, elle soupçonnait ses parents d'avoir invité Cavanon sur le yacht avec la vague intuition qu'un pareil exemple de cas passionnel éveillerait rapidement l'amour dans son cœur de vierge énergique. Elle eût voulu que sa mère avouât le subterfuge, afin de triompher devant soi-même et sa perspicacité.

Mme Cassénat ne cessait point de contempler les rousseurs dont les peupliers tachaient la plaine verte et lisse. Valentine crut devoir prendre aussi la moue des jours fâcheux. Avec l'aide du menton, elle se sangla le cou d'une cravate en gaze « aube d'Orient ». Après quoi, avide de détails sur le personnage troublant de Cavanon, elle se dressa devant sa mère :

— Alors?... Mère?... Fâchée?

— Fâchée?... Non... Je t'envie cette dureté de cœur...

— On ne peut tout de même pas me croire égoïste, parce que je refuse de me désespérer sur le sort de ce monsieur que perd sa passion pour une marionnette... dis?

— Une marionnette ! Maria Pia !... une marionnette ! la grande Maria Pia que nous avons vue à Nice jouer Ophélie? Ne dis pas ça, ma fille. On se moquerait.

— Que veux-tu, mère, toutes ces histoires-là me donnent à rire; je les supporte volontiers à la comédie. En ville, elles m'agacent. C'est comme les gens déguisés les autres jours que le mardi gras.

En haussant les épaules, Mme Cassénat se dérobait. Elle parla du voyage, des malles des domestiques, du *sleeping* à retenir pour cette nuit froide. Bientôt elle manifesta une joie enfantine à cause du changement offert par ce brusque départ. Les femmes de chambre coururent. Les sonnettes retentissaient. Le château, ses longs couloirs de pierre, ses escaliers à rampes de fer tournantes, ses statues pâles, s'animèrent d'une vie rare. Les servantes s'émancipaient.

La jeune fille se rendit elle-même à ses préoccupations habituelles, aux soins de ses chers petits luxes, à ceux de son écurie, sa gloire. Ce jour-là, elle reçut de Douvres des gants qui portaient, à la paume, des petits trous ventilateurs. Ainsi, pendant qu'on tenait les guides, l'air passait, empêchant que la main ne transpirât; et l'invention était à peine révélée en Angleterre.

Mais, quand le soleil commença de baisser sur les bois de chênes, et quand la rivière devint pareille à un sabre d'or jeté dans le gazon, l'enfant se reprit à craindre l'homme qu'elle allait voir.

L'idée de pouvoir chérir Cavanon pour les défauts qu'il montrait lui donna beaucoup de honte. Elle dut s'avouer une âme assez basse.

D'ailleurs, elle ne s'expliquait rien. Seulement, il surgissait en elle une révolte contre ce qu'elle n'osait pas appeler un penchant.

Rien de sa conscience droite n'excusait plus les émotions ressenties à bord du yacht quand parlait le diseur de chimères, par-dessus la mer changeante. Elle pensait à lui pour des raisons basses ; elle pensait au bateleur qui se laissait paraître. Évidemment, la même déchéance qui avait uni Karl de Cavanon à cette Maria Pia pouvait aussi lier à Karl un cœur pur. Les mêmes prestiges artificiels la pouvaient donc aussi corrompre. Ce fut un écroulement douloureux de sa fierté.

Elle s'affectait fort de cette parité des âmes. Le vice qu'elle avait cru pour toujours étranger à son existence lui apparut au seuil de la vie. Un destin s'indiquait pour elle.

Quand l'express eut commencé à retentir sur les rails, Valentine sentit croître sa peur d'aimer.

La lampe du sleeping-car jetait une lueur fauve sur les boiseries luisantes, sur la soie d'un corsage rejeté. L'enfant entendait la paisible respiration de sa mère. Comment la dame avait-elle su prendre toute la douceur du temps, et en rejeter le chagrin ? Jamais Mme Cassénat ne rappelait un malheur ; et son âme égale, plutôt rieuse, se charmait du spectacle humain. Elle ne résistait à aucun penchant, toujours prête à se choisir des robes nouvelles, à se satisfaire de son mari, de sa fille, de soi-même, de l'heure.

Au contraire, Valentine se traçait des devoirs durs, pour les remplir. A cheval, elle courait sur la haie, vers la rivière, pour que la bête refusât, que la lutte fût, avec la bataille et la victoire.

Une chose intruse la pénétrait maintenant. Et quoi? Cavanon, vieux, voûté, inhabile aux sports, bavard insupportable, ridicule par sa passion théâtrale et son amour méconnu, ne tentait pas cependant la raison. Or, elle avait repoussé la demande de Paul Ancusse, parce que Cavanon l'avait autrement émue, sans savoir, du reste, qu'il la troublait.

Et, tout à coup, elle s'aperçut qu'elle estimait impossible la tâche de le conquérir.

Elle s'insulta. Deviendrait-elle aussi la vulgaire amoureuse des romances?

Dans la minuscule couchette du sleeping, elle veilla sans consolation. Les roues du train chantaient à son oreille un refrain modulé, monotone. Elle appréhenda la douleur physique des émotions déjà ressenties auprès de cet homme :

le cœur crispé, les yeux en larmes, les mains tremblantes.

La croisière avait fini au mois d'août. On entrait en novembre. Pendant cette séparation, Valentine avait endormi sa peur. Le souvenir de Karl persistait comme un décor navrant de sa mémoire. Alors l'angoisse lui étreignit l'âme.

Avec ses bois vernis, ses rideaux de soie, ses jupes amoncelées, l'odeur d'héliotrope blanc, la petite loge du sleeping lui fut comme une sensation suprême que jamais plus elle ne goûterait heureusement.

II

En arrivant, elle l'aperçut à la gare, plus fatigué. Des traces d'amertume se creusaient entre les plis de sa face. La trentaine alourdissait un peu les joues; et la voûte du dos se marquait plus, malgré l'orgueil rieur de la tête, très droite.

La grosse émotion ressentie par Valentine, avant l'arrêt du train, s'évanouit. Il semblait réellement vieux. Elle lui offrit une poignée de main camarade.

Marthe Gresloup attira plus son attention. La dame couperosée, poudrée, cavalière, vêtue d'un complet à carreaux, colletée comme un homme, coiffée d'un feutre, menait grand bruit, embrassait à pleins bras.

— Ah! vous allez voir, vous allez voir, proclamait-elle ; et le phalanstère, et la bibliothèque, et les piscines, et la décoration des nouveaux ateliers. Nous ne perdons pas de temps, ici.

Le landau, attelé en poste, emmena les dames, effarées, parmi la pleurnicherie grêle des grelots...

M. Cassénat montait dans la charrette anglaise avec Karl. Au haut du siège, le jeune homme se voûtait plus encore. Sa main tenait mollement les rênes. Quelque chose l'avait tassé sur soi.

— Je suis bien aise, reprit Marthe Gresloup. Karl s'intéresse enfin à un projet. Il reprend goût aux choses. Nous travaillons Marx et Proudhon, Kropotkine, Reclus... Vous verrez la culture intensive, les serres à raisin... nos ruisseaux d'eau chaude, et l'énormité de nos asperges prolétaires...

Karl a des projets courageux. Notre

cité monte de la terre... Il va... il va... Il prétend prouver, d'ici trois ans, au conseil général, l'excellence du système communiste, par la richesse des travailleurs... Qu'il le prouve ou non, je m'en préoccupe peu. L'essentiel est sa résurrection... J'ai eu si peur de me retrouver seule dans la vie...

Marthe Gresloup regarda brusquement la campagne, pour cacher sa figure qui s'empourpra sous la poudre de sa grosse chevelure. Et l'on se tut par décence, en pensant à son mari traître, à ce Karl de Cavanon évidemment élevé selon les principes d'un enthousiasme un peu fou. Il demeurait, pour elle, l'unique motif de vie, l'œuvre, l'œuvre frêle qu'une passante avait failli briser.

Mme Cassénat laissa une larme sillonner son maquillage, et ses doigts gantés de blanc étreignirent la main de Marthe.

Tout à coup, après un petit bois de

pins et des roches argentées, on découvrit les constructions du phalanstère, les dômes des halls que des arcs de fer élevaient gracieusement en plein ciel, parmi les tours massives et rouges des cheminées.

Alors, sur l'infini des terres brunes, le soleil alluma ses reflets dans les verreries des serres. Ce fut un flamboiement pâle, une lueur de force, comme si les sillons enfantaient une moisson de lumière. On allait vers un éblouissement.

Les voitures longèrent une avenue, frôlèrent les bâtiments de la sucrerie, ceux de la distillerie, ceux de la brasserie, de la manutention, des moulins, les maisons de métiers avec leurs façades de céramiques vertes à personnages incrustés représentant les tisseurs de tous les âges...

Faits de briques brunes serties par des bandes de faïence claire et soutenues par des arcs de fer bleu, rouge, vert, ces édifices sonnaient de cent bruits vigoureux.

Les baies immenses, garnies de glaces nues, laissaient voir l'activité de l'intérieur, la rapidité des volants, la course des courroies, les couples de régulateurs virant au-dessus des chaudières. Les ascenseurs montaient et descendaient dans les donjons de verre. Des monstres de cuivre rouge fumaient. Des cadrans marquaient des pressions. Des hommes minuscules, vêtus de chemises écarlates, se hâtaient entre les machines.

Au dehors, les verdures éternelles des sapins cachaient à demi les maisons. Des cascatelles gazouillaient de roche en roche jusque sur les pelouses partout étalées. Plusieurs jets d'eau grimpaient des vasques. Il y avait, aux bases des murailles, maints frais parterres de buis et de géraniums. Et chaque bâtisse était une chose isolée, mystérieuse, somptueusement magique au milieu des sapins, des ruisseaux vifs, des prairies grasses.

A travers les feuillages, les courroies de transmission portaient la force. Les fils téléphoniques striaient le ciel d'un réseau fixe. Des wagonnets descendirent seuls par des pentes en fer.

Les stridences des sifflets jetèrent des avertissements. Une cloche sonna.

Les voyageuses aperçurent très peu de travailleurs d'abord. Toutes choses semblaient accomplies sans direction humaine, selon le mystère d'un miracle. Des disques rouges tournèrent, mus par d'invisibles aiguilleurs.

Mais, un gong ayant retenti, les battants d'une porte s'ouvrirent sous l'arc en fer rouge d'une façade. Un flot de femmes s'épancha sur la route, en chantant.

Elles portaient des capelines écarlates,

des jupes brunes de velours côtelé, des corsages lâches de couleur rose ou noire. Les plus vieilles avaient de longues tuniques sombres à mille plis qui cachaient les déchéances de leurs formes, et des coiffes de ce même velours, bordées par un galon de cuivre. Ainsi casquées d'étoffe, leurs joues, affinées par les rides et la pâleur, semblaient, sur les robes indécises, les fruits séchés de plantes vacillantes.

Les yeux ternis des vieilles, ces yeux en grisaille posant l'énigme incomprise de la vie, saisirent fortement l'attention de Valentine. Au passage des voitures, les chants cessaient. L'on alla entre des rangs de figures étrangement diverses ; les unes rondes, bistrées par le hâle des champs, tachées de prunelles béantes ; les autres, pâles de l'anémie des villes et dont les os gracieux tendaient l'épiderme autour de regards spirituels. Certaines de ces femmes semblaient soucieuses d'une apparence de beauté; sous les capelines écarlates, les bandeaux obscurs ou les frisons d'or décoraient les fronts.

— Oui! disait Marthe Gresloup, il en vient de partout, des champs et des villes ; et ces bohémiens aussi, qui voyagent dans de pauvres voitures... Il y en a qui se sont arrêtés. Ils ne repartent pas... Voyez ces paupières orientales, ces visages d'Asie... Et ces autres, sans cheveux presque, aux têtes rondes et blanches : des Allemandes... Oh! c'est le rendez-vous des races...

Soudain les femmes acclamèrent de leurs bonjours Karl de Cavanon qui les saluait. Des fillettes, les plus jeunes aussi, coururent, se poursuivirent avec l'éclat de voix joyeuses. La route se fleurissait au loin de capulets rouges, entre les sillons de soleil que valaient les vitres des serres. Dans sa gloire de midi, le firmament était une chose plus radieuse, finissant les façades de céramiques polychromes, les bois de pins, les toits roses, les dômes blancs et bleus.

Valentine s'étonna de cette gaieté parant des lieux de travail, à l'ordinaire sinistres. Les hautes cheminées s'élançaient entre des mâts de fer contre le ciel, et l'odeur forte des sapins vivifiait l'air.

Derrière les corps d'usines et les parcs, le sol montait, uniformément brun, vers le soleil. Sur la vaste terre, des locomobiles en cuivre soufflaient et roulaient, entraînant de larges herses, des semoirs aux bouches verseuses de grains, des rouleaux pour aplanir l'humus fécondé.

Plus près, des cris d'enfants retentirent. Une musique aussi, comme celle d'une religion guerrière, s'exhala d'orgues cachées sous des coupoles de fer et de verre. Il parut, à travers des clairières, des enfants en sarraux rouges. Lancées par des raquettes, des balles prolongèrent des gestes dans l'espace.

Les voitures allaient maintenant entre des pacages, des bois de bouleaux, dont les troncs d'argent gris offraient à l'automne un feuillage d'or léger et nombreux. Les moutons peuplaient la prairie. A un instant, l'on aperçut une sorte de basilique dont les ogives de métal, les pinacles de faïence et les pavillons de couleur se hérissaient sur une nef ajourée de rosaces, de baies immenses. C'était de là que triomphaient les sons des orgues qui, soudain, aplanis, laissèrent libre l'essor de voix vierges s'envolant d'un chœur.

Peu à peu, l'étonnement devenait, pour Valentine, une sensation heureuse. La beauté des couleurs la pénétrait avec l'arome des sapins. Le chant des eaux jaillies de vasques en pierre simple lui mettait à l'âme un ruissellement délicieux où la vie coulait plus facilement. La musique et le chant l'émurent... Le flamboiement des serres éblouit son regard... Il lui sembla entrer dans un pays de lumière neuve.

Mais le mirage s'effaça. Passé le dernier bois de pins, elle vit, au bout des tilleuls, le château carré, simple, blanc, centre pour les découpures des pelouses. Derrière le landau, elle savait Karl de Cavanon voûté, le teint râpeux, conduisant la charrette. Lui avait organisé ce phalanstère par sport, comme d'autres développent le trot des pouliches ; et quand il lui demanda sa pensée, elle refoula le souvenir de son émotion, pour le décevoir avec cette réponse :

— Moi, je n'aimerais pas ce genre d'élève... Les bêtes ne sont pas assez pures...

On était descendu. Elle revoyait, du

perron, la cité ouvrière luxueuse et pimpante dans les verdures, la place ouverte sur le plat pays où se courbait le fleuve miroitant. Vers l'horizon, les forêts bleuâtres s'étageaient...

— Montrez-moi le chenil, monsieur de Cavanon, dit-elle encore. J'en ai grande envie...

En elle-même, la jeune fille se blâmait pour cette parole. Mais elle se flatta de paraître énergique devant la sentimentalité des autres, de sa mère surtout qui, la figure scénique, répétait à Cavanon en lui serrant les mains :

— C'est beau, c'est très beau !...

D'ailleurs, M. Cassénat passait au parti de sa fille. Il remarqua combien son ami se leurrait s'il comptait couvrir ses débours.

— Je n'y songe guère, répondit le sophiste. Je tiens cependant à réussir dans une mesure telle que la production équivaille à la consommation, afin que mon expérience fasse la preuve des théories. Il faut que les compagnons vivent du sol exploité sans aller rien prendre ailleurs. Alors je me dirai content ; et j'abandonnerai le capital de l'entreprise.

— Vous ne prétendez pas cependant produire ici les livres dont useront les écoliers ou les ingénieurs des machines, ni ces machines avec leurs rouages compliqués, ni les horloges, ni les instruments de précision... Vous n'échapperez point à l'échange, à la vente, à l'achat.

— Aussi fais-je piquer dans un certain nombre d'hectares des plants de vignes américaines. La vente des hectolitres fournira la matière d'échange pour ces quelques objets spéciaux. Ici, on tissera les vêtements avec la laine de nos troupeaux ; on tannera le cuir de nos bêtes et confectionnera des souliers. On ajuste les meubles avec le sapin et le chêne des bois que vous voyez là-bas.

La jeune fille faisait aboyer les vingt-deux fox-hunds de la meute en les excitant de la voix; et ils se dressaient contre le grillage du chenil, les gueules fumantes...

— Voyons, Valentine ! commanda la mère. Écoute donc, mon enfant. M. de Cavanon veut bien nous expliquer son phalanstère.

— Oh ! ça nous passionne, ça passionne, ajouta Marthe, indulgemment.

— Et ça ruine, dit M. Cassénat.

— C'est votre écurie de courses, madame, n'est-ce pas? jugeait Valentine.

Sa mère laissa filer la note cristalline de son rire.

— Je cherche à lancer une mode, mademoiselle ; ne deviendrait-il pas charmant qu'il fût très porté d'avoir son phalanstère, comme vous avez votre yacht et votre mail ? La misère des pauvres, pour la première fois, s'allégerait par le moyen de la vanité des riches. Ne pourrions-nous pas nous intéresser à l'amélioration des box, des pistes, du barbotage !

— Or, moi, je vous ai dit mon avis pour ce sport-là, les bêtes sont trop laides, j'aime mieux les chevaux.

— Allons les voir, mademoiselle. Votre Melchior a eu une prise de bec ce matin avec les dindons ! Ça le ravira que vous le consoliez.

Valentine suivit Karl aux écuries. Ils traversèrent une sorte de cour, d'où l'on apercevait la place de la cité et les pelouses couvertes par les jeux des enfants. Une ronde de fillettes tournait là. Valentine entendit les rires et les cris nerveux des poursuites. Des chants d'hommes lui vinrent aussi.

— Ils rentrent du travail, remarqua le diseur de chimères. Cinq heures par jour en une fois. Il y a quatre équipes par atelier. Ecoutez : au lieu de romances ineptes ils chantent ce que je leur apprends, le soir, c'est un sonnet de Baudelaire adapté à un thème de *Parsifal.*

Les voix mâles s'approchèrent. Valentine comprit le détail des paroles. Les ouvriers cessèrent, puis ils reprirent un autre motif. Elle reconnut le sonnet de la *Mort des amants :*

Nous aurons des lits pleins d'odeurs légères....

Le mode mineur s'étendit dans l'espace, les finales se prolongeaient. Soudain, des femmes répondirent par la même mélodie. Et cela fut, au soleil pâle d'un midi de novembre, une langoureuse, une tentante tristesse, comme un vœu fraternel de la mort rappelant la hâte du temps, et encourageant à vivre le plus.

Des cloches aussi sonnèrent leurs angelus et le repos. Des bandes d'enfants sortis de l'école parèrent le paysage de leur joie. Et il subsistait toujours, le double chant, celui des ouvrières, celui des travailleurs dont les voix rivalisaient.

Cavanon riait heureusement. Valentine crut que l'amour de Maria Pia quittait le songeur, mais que la place déjà n'était plus vacante. Le peuple s'y installait.

— Oui, disait-il, allez, mademoiselle, nous diminuerons la douleur humaine, nous vaincrons la force, l'argent, la ruse, l'honnêteté et tous les vieux pathos des histoires. De la bonté, de la bonté !

On n'entendait plus rien dans les fonds qu'un grand murmure, des appels, une cloche encore.

Elle considéra la plaine, les machines semant le grain, les maisons de travail en effervescence dans les verdures des pins, les dômes de fer et de verre, les places maintenant désertes, et la campagne et le fleuve. Une fureur inexplicable, cachée, l'anima, une envie de détruire, le souhait d'un cataclysme qui ruinerait l'œuvre et l'amour de Karl.

Ce lui fut dur de rire quand Melchior, échappé de la stalle, courut sus à l'escouade des dindons, lui ruant et hennissant, mais battu par les coups d'aile et les vociférations guerrières des volatiles. Si bien qu'il finit par fuir au petit galop, la tête railleuse tournée vers ses agresseurs et la queue en panache.

Elle affecta de s'amuser. Il l'étonnait que son impression sincère différât entièrement. Une impatience étrange, une colère lui saisit le cœur. L'air de joie parant le pays et la tristesse satisfaite de Karl la blessaient, en ce qu'ils contredisaient son dédain des sentiments, et l'allure qu'elle se prêtait de n'être qu'une amazone brutale.

Elle se mit à table de méchante humeur. Il tombait sur l'ordonnance brillante du service un jour oblique et fort. En outre des gens connus, il se trouvait là un bénédictin, deux messieurs aussi, hâlés par le grand air, bourgeonnés par le vent, qui occupaient la gauche de Marthe Gresloup, M. Cassénat ayant la droite.

Valentine s'estima très indifférente envers celle-ci, bien qu'elle parût gaie. Ayant su qu'elle ne montait pas, la jeune fille eut du dédain.

Au reste, importait-il que cette frondeuse eût soutenu bruyamment les boulangistes et jeté des bottes d'œillets rouges aux soldats pendant toute l'année 1889 ? On lui vouait de louanges pour sa mémoire littéraire, sa verve résumant les histoires du jour annoncées par les gazettes, les livres et les revues. Valentine ne goûta point d'abord l'animation qui passionnait ses yeux gris, le visage mobile couperosé, surmonté de la haute chevelure blanchie à la poudre.

A travers la table, Marthe assaillait le bénédictin. Elle molestait l'Église qui, au lieu de marcher avec le peuple, le Christ, en somme, couvrait l'ignominie républicaine de son étole. Elle interpréta les paraboles de façon socialiste : « Les évêques devraient descendre parmi les mineurs en grève, à la tête du chapitre, des chantres, et s'interposer, l'ostensoir aux mains, entre le peuple et la troupe. Le voilà, le devoir ; la voilà, la réhabilitation de l'Église. Mais non, mon Père, vous tenez toujours pour les hommes d'argent et en cela vous justifiez les récriminations des athées. »

Elle s'arrêta pour déguster la sauce exquise du poisson. Le bénédictin, un monsieur coquet, ne savait plus où cacher sa gêne. Sous un sourire, il frottait ses mains merveilleuses, s'inclinait en murmurant :

— *Non possumus*, madame, *non possu-*

mus. Nous ne pouvons pas entretenir l'esprit de révolte. Jésus a dit : « Celui qui frappe par l'épée... »

Marthe Gresloup but avec tact d'un vin de race. La tête en arrière, elle humait le liquide, l'élevait devant son œil, le flairait, rebuvait.

Valentine s'irrita vraiment. On ne parlait que politique. M. Cassénat, un peu railleur, s'échauffait aussi. Mais sa femme s'ennuyait plutôt, entre les attentions des deux messieurs hâlés, citateurs d'opérettes.

Avec sa fille, elle échangea un signe de paupières.

Pour les petites choses, elles ne se différenciaient pas. Comme Valentine, sa mère menait et montait excellemment. Au pistolet, elle était bien plus adroite.

Toute jeune, l'enfant avait connu cette existence sportive. M. Cassénat exigeait que l'on vécût en province, car il manifestait envers les hommes un mépris de principe. Il répudiait les émulations dont se tisse l'intrigue mondaine. Ce qui touche aux visées ambitieuses, au désir de luire, ne lui semblait pas valoir l'effort.

Marié à une femme de mêmes sentiments, il l'avait séduite par les voyages, les chasses, le luxe intérieur, installé par eux, sans le souci d'en éblouir les autres. Se suffisant à eux-mêmes, ils fréquentaient peu de gens. Toujours très loin, attirés tantôt par la lumière de l'Orient, tantôt par la vie des Amériques, ils revenaient en France pour le repos, au temps des lectures longues. Ainsi, hors des contacts sociaux, leur fille unique avait grandi, nerveuse et robuste, parmi le respect des institutrices, des professeurs, des domestiques.

Elle n'admettait guère qu'on marquât pour elle de la politesse amicale. Sans comprendre qu'elle devait à l'argent de sa famille la déférence universelle, elle s'y était accoutumée insensiblement. Quand elle rencontrait des sympathies plus fraternelles que flatteuses, elle se révoltait contre les êtres qui les manifestaient.

Karl de Cavanon tout d'abord lui avait offert cette sensation fâcheuse d'indépendance. Puis, à plusieurs reprises, et dans des instants exceptionnels, elle avait senti l'âme ironique du diseur de chimères la pénétrer intimement, se mettre en connivence. Il l'avait menée par la parole jusqu'à frémir, jusqu'à, pendant une seconde, ne s'appartenir plus, être une chose tremblante sous un souffle fort. Elle ne le pardonnait pas; elle dénigrait en soi la courte barbe florentine de l'hôte, sa moustache d'or troussée, son teint râpeux creusé par des plissures de fatigue morale, ses cheveux plutôt noirs étalés à plat, en bandeau contre un front de race décadente, un front ni volontaire, ni génial, mais lissé, eût-on dit, par les choses, par les âges passés des légendes et des périodes guerrières.

Il continuait alors ses dissertations sur le communisme; et le rire en avant, la main moulant une cire imaginaire, il pérorait :

« La belle chose, la belle chose ! Si le rythme du sort avait permis à nos ancêtres la conquête du sol et le vol de spéculations industrielles à l'unique fin de réunir la fortune des États en certaines mains intelligentes, servie par des cerveaux que les générations des siècles ont avertis de la bonté ; à l'unique fin de soustraire cette force aux appétits misérables des laboureurs et des marchands pour qu'en un jour il fût donné à une élite nouvelle de comprendre la beauté d'une restitution... Et il nous serait promis de savoir rendre au peuple le produit de son vieux labeur, d'établir, en un coup, avec la perfection des machines et des sciences le bien-être autrefois prévu du monde.

« La belle chose alors ! Et comme nous excuserions les guerres, la force, les tyrans, l'économie, la richesse, tous les innombrables crimes de la gloire ! »

Mme Cassénat souriait avec grâce, en mettant à la lumière les joyaux de sa main. Un silence approbatif suivit. On passait des cardons mêlés avec des quenelles de volaille et des rondelles de truffes. Les narines des hobereaux, celles du bénédictin palpitèrent. Marthe mangeait.

Les convives s'étaient tus, comme s'ils abdiquaient le pouvoir d'égaler Cavanon en éloquence. Cela devint pénible à Valentine. Un désir d'humilier le bateleur la gagna. Cependant, et bien qu'elle eût aux lèvres, toute prête, la phrase mauvaise propre à abattre tant d'orgueil, elle hésitait. Lui, soigneux de sa tante, lui prédisait un diabète prochain pour le nombre des choses succulentes qu'elle s'assimilait; et les commensaux de se remettre alors à la joie, en vantant la sollicitude pieuse du neveu.

— Qui a vu jouer Maria Pia, récemment? demanda soudain la jeune fille. Je l'ai entendue, l'hiver, à Nice, dans *Hamlet*... Pas très étonnante... Oh! non.

A la pâleur soudaine qui transparut dans la face du jeune homme, Valentine reconnut la douleur réveillée. Aussitôt elle en conçut de l'orgueil.

Mais, froidement, Cavanon analysa le talent dramatique de la tragédienne et triompha de sa souffrance.

Il advint qu'un des messieurs de la province, intrigué, sans savoir, posa cette question. Était-il vrai que l'artiste portât sur la peau même une cotte de mailles en or, et que ses chiens russes fussent exclusivement nourris avec de la viande d'ours?

Marthe tenta de sauver son neveu par des diversions. Le bénédictin lui-même, que l'âge du bourgogne enluminait, multiplia les potins sur la démoniaque et prestigieuse personne. Mme Cassénat, d'ailleurs, pour complaire, murmurait à l'oreille voisine une partie du secret... Soutenue par sa mère, Valentine avança.

— M. de Cavanon assistait, m'a-t-on dit, à toutes les représentations où Marie Pia jouait. Il peut donc satisfaire les curiosités.

Autour de la table, la révélation se transmit avec des clins d'œil, des rictus de joie, des oreilles offertes. La compagnie, sous les feux de la bonne chère, allait se divertir par des incidentes à sens masqué, et déjà en formules, lorsque, brusquement, Cavanon couvrit les voix par l'éclat de la sienne. Laissant cours à sa mémoire enthousiaste, il sut fondre en une seule apparence la personnalité de l'interprète et la grandeur de l'art. Des plaisanteries prêtes à éclore moururent. Chacun, par convenance, parut écouter le discours.

La jeune fille souffrit. Il exaltait Maria Pia, loin de feindre, selon les prévisions, du détachement. Sans aucune confusion il louait la splendeur des attitudes étudiées par l'artiste dans les musées d'Europe, devant les tableaux illustres des peintres primitifs. Il la disait capable de comprendre sa mission de signe humain propre à traduire la plastique par son geste et la beauté linéaire du costume; la littérature par la passion de sa face; la musique par la science de sa voix qu'elle développait en récitant des vers au piano. En son corps, elle exprimait donc la totalité des arts, l'univers lui-même.

— Un hiéroglyphe descendu de sa

stèle, alors... et qui prendrait des poses...

Cette phrase lancée, Valentine dévisagea l'orateur, un peu rageuse.

— Vous l'avez dit, mademoiselle.

Il s'était arrêté et cherchait à la comprendre. Mais les convives se retournèrent en gaieté vers la porte-fenêtre par où passa la tête roublarde de Melchior. Les oreilles droites, il regardait l'assistance, puis, d'un coup, relevait méprisamment le chanfrein. Il encensa par deux fois et pénétra sans plus de façon dans la haute salle, en faisant résonner le plancher sous ses sabots lourds. Les dames se levèrent avec des cris. On agita des serviettes. Valentine s'élança. Ayant saisi le sucrier, M. Cassénat le tendit à l'intrus, emphatiquement.

La jeune fille saisit l'animal à la crinière. Elle le gourmandait, le farceur, le brigand. Il avait pu extraire sa tête du collier d'écurie, ouvrir la porte... Oh !

Elle l'emmena, elle si petite, lui gigantesque et piaffeur.

Pendant la promenade en voiture qui suivit, elle se garda de parler à Karl de Cavanon, décidément battu.

De lui, en somme, elle savait peu de chose, hormis cette passion célèbre. Il avait été lieutenant d'abord, après Saint-Cyr. M. Cassénat l'avait connu, démissionnaire, à Constantinople, où il hivernait avec sa tante. Le même dédain de l'ambition, de la parade mondaine, le même amour des voyages, de la lecture, de la campagne, les avaient unis. Depuis il avait intéressé l'adolescente. Du mystère obscurcissait les conversations tenues à son endroit. M. Cassénat le taquinait : « Quoi donc, mon bon, des peines d'âme? Un enterrement d'illusions ! Une tempête d'illogismes dans la cervelle... A votre âge; à trente ans..., etc. »

Les voitures menèrent à un val qui se

creusait au milieu des bois. Des roches luisantes comme l'argent émergeaient partout de la verdure. Du ciel de lueurs, la mer de feuillage descendait par grands pans roux. On se communiqua des sensations préhistoriques. La vie des forêts stupéfiait par sa vigueur qui fait éclater la pierre, déchire la glaise, se dresse et pousse vers les plaines firmamentales...

— Tout comme l'idée, assura Cavanon... qui peu à peu mine et perce les vieilles injustices, paraît au jour, faible brindille, pour fleurir, s'épanouir, grandir et sucer autour d'elle toute la sève d'un peuple...

— Sommes-nous assez « roseaux pensants » !

Il se retourna du côté de la voix presque grêle qui citait Pascal. Debout dans la voiture, Valentine mesurait la hauteur du ciel et la profondeur des futaies.

Il la salua, sérieusement.

Au passage dans la ville, les mendiants vinrent contre les portières. Le bénédictin voulut leur donner, mais Marthe Gresloup s'interposa :

— Voulez-vous, voulez-vous ! Il ne faut pas d'aumônes aux pauvres. Leur âme s'y habituerait et ils perdraient l'esprit de révolte, la seule chance d'amélioration.

Malgré le crépuscule et les insectes dansant autour des lanternes, la dame s'expliqua longuement, s'énerva en faveur du marquis de Morès, de Drumont, de Rochefort.

— Ah ! vous autres sceptiques, je vous admire. Rien ne vous émeut. Les bandits du pouvoir...

— Pourquoi vous fatiguer, chère amie ? répliquait M. Cassénat. Jetez-les à terre. D'autres aussi peu recommandables les remplaceront, car, étant les délégués des rustres, ils ont l'âme vile des rustres. Sans quoi comment représenteraient-ils justement leurs électeurs ?

— Mais le peuple souffre.

— Mon Dieu, puisqu'il élit de préférence ceux qui le moquent. La misère lui agrée. A la longue on aime ses douleurs et le malade ne désire plus la santé. Depuis le temps où le peuple peine pour le plaisir de quelques-uns, ça le gênerait sans doute de se sentir mieux traité. Allez : sa lâcheté excuse largement ceux qui en profitent, nous.

— Peut-être, dit amèrement la frondeuse.

Au fond de la route et sous la vitre bleue du ciel, le phalanstère bientôt se révéla, masse sombre aux cent yeux de feu, aux plumets d'étincelles, sphinx énorme qui respirait régulièrement selon les coups formidables et sourds du fer. Là, en s'agitant, les hommes songeaient aux bonheurs des sociétés futures, et ils forgeaient, avec leur travail et leur haine, la force à venir.

— Ah! regardez, dit encore Marthe, comme elle brille ce soir, l'énigme !

III

Dans les vapeurs blanchissant les sapins, l'aube naquit. Le soleil émergea d'une onde d'or. Des cirrus violets s'étirèrent sur le firmament vert pâle. Une fumée s'élança d'une chaumière.

Valentine assistait au matin.

D'abord il s'épanouit en elle un ravissement. Elle goûta du bonheur par les doigts qui percevaient la fraîcheur de la balustrade en métal sur laquelle elle s'accoudait, par ses narines frémissant à la brise, par ses regards enfin mariés à l'infini clair.

Elle allait descendre vers les pelouses lorsqu'elle aperçut Cavanon, qui causait à un groupe d'hommes vêtus du costume en velours brun et chaussés de guêtres. Avec leurs feutres gris et leurs chemises rouges ils rappelaient ces mousquetaires propres aux tableaux de bataille que composèrent les anciens peintres de Hollande. Ils s'en allèrent en riant, les mains chargées d'outils ; ils disparurent derrière les sapins. Aussitôt leur chant monta, le sonnet de Baudelaire en mode mineur.

Les ondes du chant s'élevèrent sur le paysage lavé par la splendeur du matin.

A cette minute il fallut que Valentine s'avouât une aversion précise envers Karl de Cavanon. Un malaise extrême la saisit, le même que celui habituellement ressenti aux heures de solitude. Alors un être invisible, une *présence*, la guettait pour, derrière son dos, tourner en dérision diabolique ses gestes, sa musique. Ou bien, à son oreille, l'être se penchait comme prêt au murmure d'un mystère atroce, jamais dit. Et voilà que Karl lui parut certainement cet être même senti, mais non vu, depuis des années. Enfin il se révélait, le tourmenteur, cause de toutes les épouvantes inexplicables de l'enfance, celui qui la poursuivait la nuit, par les longs couloirs, et mal dissimulé dans l'ombre flottante des bougies.

Elle s'attarda sur le perron, voulant vaincre ce malaise. Vingt fois elle résolut de descendre les marches, d'aller bravement souhaiter le bonjour. En définitive, elle n'osa. Si amère lui parut cette bouche épaisse plissée sous la courte barbe.

Il arpentait le sable du chemin, la tête grave malgré la minuscule casquette de boy appliquée sur ses bandeaux noirs et couvrant à demi la ligne du nez impérial. Il s'accouda contre le marbre blanc d'une balustrade et regarda l'espace s'illuminer.

— Ah ! ah ! pensa-t-elle ; sans doute il imagine dans les bouleaux la figure de cette actrice.

Il se retourna, la vit, salua.

Elle eut un recul. Malgré la lumière, cette solitude où il s'avançait la rendit craintive. Mais vite elle se dépita. Cavanon continuait sa promenade, par une discrétion grande.

Ce fut pour elle un étonnement, un froissement aussi. Elle eût plutôt prévu qu'il saisirait les occasions de se réhabiliter de cet amour honteux, en tentant la sympathie des personnes impeccables. Depuis leur rencontre première, elle comptait avoir à se défendre contre son audace.

— Bon ! pensa-t-elle encore, il joue le ténébreux ; il croit m'en imposer. Apparemment il espère que je vais prendre des attitudes attirantes. Que non, monsieur ! Je ne me planterai point ici de trois quarts pour vous offrir, sans cadre doré, une *jeune fille regardant la campagne*.

Valentine feignit de humer la brise, puis doucement elle regagna sa chambre, furieuse, d'ailleurs, de laisser sa place à « l'adversaire ». Cavanon ne pouvait être autre. Pourquoi? Elle se le demandait en trempant, inconsciente, la plume dans l'encre afin d'écrire elle ne savait quoi, ni à qui.

A tout prendre, elle ne découvrait de net en soi, immédiatement, qu'une sorte de rancune pour l'importance donnée à cette Maria Pia, dans le milieu familial.

Jusqu'alors, la louange du monde s'était exclusivement adressée à la jeune fille. Son art du *coaching* animait le seul enthousiasme des gens amicaux. Une instruction plutôt solide, fruit des lectures abondantes du père, nourrissait sa verve, accrue d'ailleurs par beaucoup de malice.

Pour la première fois, elle voyait surgir, dans les propos, une femme unanimement reconnue supérieure, malgré l'ignominie de sa caste. Cette avanie, elle la devait à Karl de Cavanon.

Et la douleur, en outre, qu'on affectait de chérir dans cet homme, détournait d'elle l'attention générale. Elle se voyait éconduite avec Melchior et le noble Hérode, rejetée avec eux parmi la figuration.

Amèrement elle se rappela comme son père avait voulu se défaire d'elle aux mains du squatter, ainsi que d'un objet importun qu'on se hâte d'offrir pour cadeau.

A cette heure, le pire était que M. de Cavanon lui bouchait la vie, de son importance prétentieuse.

Longtemps encore les convenances interdiraient à Valentine certaines reparties qui, émises à propos, eussent amoindri le prestige de l'adversaire.

Elle sentit des larmes s'alourdir le long de ses joues. Cela ne lui déplut point. Elle eût souhaité se voir, noblement endolorie par le sort injuste. Au miroir elle s'apitoya mieux encore. Elle eût voulu qu'on l'admirât si douloureuse, et qu'on la comprît et qu'on la sauvât...

Personne ne paraissant, Valentine se résolut à la lutte, revint au perron. Son père y était. L'accompagnerait-elle jusqu'aux usines? Cavanon avait offert une visite intéressante. Valentine lança un geste d'ennui, dont sourit M. Cassénat, complice. « Il parle beaucoup, dit-il ; mais notre ami a eu de grands chagrins, et il s'enivre de ses discours, de ses chimères, comme le pauvre du vin... Alors il oublie... Il faut avoir de la bonté, Valentine, et de la patience...

— Il pose, père, il pose! Il parle comme tournent les chevaux de bois... Ça ne mène vers rien, son raisonnement...

— Eh! petite; rien, c'est peut-être la solution.

— Il met le néant dans sa cervelle et s'admire d'avoir pensé à vide... On dirait une pompe qui se flatterait de ne pas jeter d'eau.

— Bon! Et toi qui aimes le spectacle des cirques, les acrobates! Sais-tu que les cabrioles de cet esprit ne sont pas ordinaires. Il fait tout le temps de la haute école sur la croupe de la logique.

— Mais il manque de tradition. Il a besoin d'une leçon de guides...

M. Cassénat riait de tout cœur, ravi par la méchanceté de sa fille. En causant, ils arrivèrent aux moulins. Cavanon les attendait devant l'eau du fleuve. Cette fois il ne parla guère, sinon pour expliquer certains détails.

A cause des baies énormes encadrées de courbes de fer, la maison, petite, semblait à jour. Les briques, alternativement plus noires et plus roses, s'arrangeaient autour du verre selon des bandes harmoniques. Par ses tuiles claires, sa bordure de zinc vif, le toit tranchait en forme d'aile close, contre les cimes sombres des pins. De son chapiteau imitant une gueule d'hydre, la cheminée, tour rouge, crachait furieusement au ciel ses tourbillons noirs.

Ils pénétrèrent par une porte au linteau arqué. Des meules roulaient, par couples, sur les graines d'œillette amassées dans des cuves de fonte, aux soubassements de pierre. Une vieille femme balayait le damier noir et blanc des dalles. Une autre poussait un long bambou garni d'une éponge contre les surfaces de verre et les lavait sans cesse. Des cuivres fourbis brillaient partout. Une odeur balsamique gagnait l'air, malgré le parfum de l'huile coulant en jets d'or du pressoir.

Cavanon expliqua qu'en n'interrompant jamais le lavage, l'atmosphère ne se viciait point. Il les mena vers un vaporisateur installé au centre de la salle et d'où s'irradiaient les germes sains d'un liquide prophylactique.

La vapeur de la machine faisait mouvoir au plafond des éventails de toile, pour que l'air circulât, se mélangeât toujours au parfum.

Les angles de l'atelier offraient des piédestaux en des niches, où des moulages blancs se dressaient pour rappeler une Vierge de Donatello, le David vainqueur de Goliath, la figure de la Nuit de Michel-Ange, une Nymphe de Jean Goujon. Et, sur la muraille de soutènement où s'emboîtait l'arbre de la machine, des moulages encore montraient le relief d'une chasse assyrienne, avec des rois à barbes annelées, coiffés de tiares, conducteurs des quadriges et tueurs de lions.

Au milieu de ces choses, les hommes en labeur s'évertuaient, tirant du pressoir les sacs d'œillette aplatis en tourteaux, empilant ces galettes brunes et huileuses, nourriture prochaine du bétail. Les meules énormes tournaient en silence sur leurs essieux polis. Elles écrasaient la graine noire dans la cuve. Les vis du pressoir criaient doucement afin que le cadre se resserrât sur les sacs gonflés. Au fond, le volant de la machine tournait contre les rois d'Assur, les chars et les lions. Le rythme rapide de son mouvement mettait une vibration posthume aux corps robustes et admirables de cet art valu quarante siècles auparavant par la vieille civilisation d'Asie.

— Ah! ah! disait Cavanon, le bras gigantesque de ce roi qui tend l'arc contre les fauves, ne voyez-vous pas comme il semble aussi donner la propulsion au volant?... La pensée humaine, toujours la même pensée, éliminant la brutalité, animant la matière, recréant des forces neuves, plus efficaces pour la recherche de Dieu.

Les ouvriers l'écoutèrent, un peu béants, sans trop savoir s'il plaisantait ou s'il enseignait. Valentine lut bien dans leur attitude qu'ils le jugeaient malaisément, prêts surtout à le prendre en dérision.

Parfois les vieilles haussaient leurs épaules informes en lavant les vitres. Même elles marmonnaient, irrespectueuses pour les statues difficiles à maintenir propres.

M. Cassénat vantait hautement la beauté de l'architecture. Les hommes travaillaient enfin dans de la lumière, dans un air purifié des germes de mort.

— Oui, oui, répondit Cavanon, j'espère qu'au contraire de ce qui se passe dans les villes industrielles, les ouvriers ici pourront vieillir. On rencontrera des têtes blanches dans les rues, plus tard...

Un des travailleurs, assez fin, au visage grave, attira l'attention de Valentine et de son père. Il dirigeait la machine avec un chauffeur.

De Lyon, il était venu jusqu'à ce pays, en apprenant qu'un phalanstère communiste s'y installait, car, durant toute sa jeunesse, il avait fréquenté les réunions publiques et compulsé les ouvrages d'économie générale que possèdent les bibliothèques des groupes révolutionnaires.

— Vous vous plaisez ici?
— Oui, c'est assez bien, ce qu'a tenté le patron ; mais je doute que ça vive... Voilà. Quand on aura mangé l'argent... Quoi... L'affaire ne rendra pas assez pour se couvrir. C'est mon idée, tout de même je peux me tromper... On verra... Et puis

il y a les fainéants, celui-là, tenez, mon chauffeur... Eh bien, Émile, va donc, fourneau ! Qu'est-ce que tu attends ?...

Celui-ci cracha dans ses mains; ses muscles forts se bombèrent sous le tissu rouge de la chemise ; il enleva une pelletée de charbon, la jeta dans le four ouvert, aveuglant comme un trésor de légendes, et puis il laissa retomber la pelle, et ses bras cordés de veines pleines.

— Te v'là fatigué... hein, mon gros... malheur, va ! fit le mécanicien, et il empoigna la pelle, tendit ses membres menus, enfourna la houille dans le trésor... Repose-toi, allume ta pipe.

Émile suivit le conseil. Il laissa choir contre le tas de charbon son corps herculéen, montra ses dents et tira le tabac de sa poche, la mine amusée par sa fainéantise manifeste.

Cavanon s'approcha.

— Vous êtes las ?... Songez à ceux qui travaillèrent de génération en génération et dont l'effort inconnu servit à accumuler entre nos mains l'argent de cette cité. Ne vous sentez-vous pas débiteur de ceux-là, du peuple et de la race, et ne croyez-vous pas juste de poursuivre leur labeur afin que nous démontrions aux Égoïstes leur tort, et comment, s'ils le voulaient, dès demain, la douleur s'effacerait du monde... Aidez-moi à cette preuve... Aidez-moi à cette preuve... ou bien, si vous ne le voulez, non seulement notre tentative avortera, mais encore elle servira d'exemple à citer pour nos ennemis... Vous êtes très las, n'est-ce pas, mon pauvre homme ? Laissez-moi vous remplacer.

Cavanon ôta sa jaquette et saisit la pelle à son tour. Le mécanicien se précipita pour la prendre ; mais il lui enjoignit de veiller au manomètre.

Et ce fut un spectacle navrant de le voir rougir sous l'effort, de voir la sueur envahir son front, ses yeux se clore, ses mains pâles et fines se crisper sur le manche du lourd instrument.

Les huées des autres firent qu'Émile se leva pour demander la pelle ; Cavanon lui ordonna doucement de fumer.

— Dame ! si vous y tenez, j'aime autant.

Et l'homme fut se recoucher, en cherchant aux yeux des camarades de l'approbation. Comme il n'en trouva point, il haussa ses épaules énormes puis roula une cigarette avec méthode, l'air malin.

Cavanon peinait. Son visage se gonfla. Cependant il enlevait la houille du tas et l'enfournait dans le trésor pétillant. Valentine, surprise, se serra contre son père qui peignait sa belle barbe en silence. Le bateleur ne semblait plus connaître leur présence. Avec une animation folle, il se ruait à l'œuvre, relevait le tas maintenant, prompt même à gourmander les vieilles qui le regardaient, au lieu de pourvoir à leur besogne.

Les deux boules métalliques du régulateur tournèrent plus rapides autour de l'axe. L'huile d'or jaillissait des tubes sous le pressoir. Les meules roulaient en grondant, brunes et brillantes, aussi hautes que la salle. Dehors une voiture s'arrêta, et les hommes commencèrent à y porter les tourteaux.

Valentine regarda leur procession courir, du tombereau à l'usine, poussée par le poids des charges qui courbaient les dos.

Le diseur de chimères ne cessait point son labeur. Maintenant il était noir de houille. La poussière se collait à sa face en sueur, et il n'avait même plus l'orgueil de paraître noblement aux yeux de la jeune fille. Pour cela, elle lui en voulut, bien qu'elle admirât l'exemple donné au paresseux par cette vaillance.

Elle sortit du lieu avec son père, qui la regarda interrogativement les bras croisés.

— Un charlatan... Père, un charlatan! Nous étions là. Il prétend nous étonner, Vous verrez qu'il nous placera, avant notre départ, douze flacons d'eau dentifrice, ou dix-huit volumes d'un ouvrage sur la cosmogonie, à moins que ce ne soit, chose pire, cent cinquante actions de son phalanstère... Tenez votre bourse, père.

— Valentine! tais-toi... tais-toi, mon enfant!...

— Enfin, c'est d'une inconvenance, il vous plante là sans s'occuper de ses visiteurs...

Cette fois, Valentine parlait sincèrement. Cavanon jugeait-il son père et elle assez badauds pour s'attendrir ?...

— Mais toi-même, quand tu mènes à quatre, mon enfant, ou quand tu montes ton *hack*, ne parades-tu pas aussi pour les badauds?...

Elle se tut. Ce n'était pas la même chose. L'allure de Cavanon offensait en ceci qu'il semblait faire honte aux gens de ne pas l'imiter... Mais elle n'osa dire à son père le réel du reproche. Ce cabotinage philanthropique venait évidemment du long commerce avec Maria Pia. Le besoin d'ébahir les causeurs la choquait comme une faute de tact...

S'étant éloignés, ils virent que le moulin à l'huile prenait la forme curieuse d'une chimère aux ailes de tuiles roses, accroupie sous les sapins et dont le col rouge dressé désespérément, on eût dit, appelait le ciel de son sanglot fumant.

L'ingéniosité de l'architecte frappa Valentine. Elle ne se garda point de louer fort cet arrangement. A cinq cents mètres, l'usine était aussi précise dans les formes qu'une œuvre sculpturale symbolisant la chimère humaine qui crie sa peine à l'harmonie du monde.

L'image se complétait avec la respiration formidable de la machine prise dans les flancs de verre, comme si les plaintes des travailleurs se fussent unies en ces stridences de la vapeur et du fer.

Instinctivement ils revinrent vers le monstre, attirés.

Les hommes fléchissaient en courant sous la charge des tourteaux. La voiture se comblait. Valentine vit moins la poussière de leurs faces violettes. Les muscles tendus des bras, l'élan vigoureux des corps allongés, la direction anxieuse des visages barbus, aux yeux espérants, la saisirent comme une beauté. Elle imagina le faix des tourteaux sur ses épaules, la sueur et la poussière masquant son visage et ses poumons essoufflés...

Les muscles de ces bras laborieux étaient bien les mêmes que ceux de l'Assyrien bandant son arc... et elle conçut la magnificence du même effort perpétué à travers les siècles. En soi, soudain, elle éprouva toute la douleur du travail et de l'attente historiques.

Sans doute, son visage marqua cette impression de peine, car elle entendit Cavanon lui dire de la porte de l'usine où il apparut :

— Voici que vous souffrez aussi, mademoiselle, de voir souffrir... Prenez garde, elles mènent loin, ces sensations-là !...

Sa fine tête orgueilleuse souriait sous son masque de charbon, et il tenait à la main la pelle :

— Prenez garde, dit-il encore, de devenir ma disciple, de gâter votre visage ou vos mains en maniant des outils sales !

— Moi !... votre disciple... Par exemple !... Je ne crois pas...

— Moi, non plus...

Elle se sentit blessée du geste qui accompagna cette riposte de la main légèrement levée, évasive. Ainsi il la prétendait indigne de l'être... par insuffisance d'esprit...

M. Cassénat riait pour applaudir à la réplique. Elle crut meilleur de rire également avec bonne grâce, et un « Très bien » !

A l'intérieur, Émile secouait la cendre de sa cigarette devant le David en plâtre, qui, un pied sur la tête de Goliath, regardait pensivement la vie fuir. Il réclama sa pelle. Cavanon lui objecta la lassitude qui le minait :

— Ah ! non, dit l'homme. J'ai l'air trop bête aussi, j'ai l'air de cet homme-là qui s'est laissé couper la tête par un enfant, quoi ! Rendez-moi la pelle, monsieur.

Cavanon la lui tendit avec ces mots :
« Émile, vous avez travaillé autant que nous, puisque, regardant cette statue, vous avez pensé. Il est inutile de rester paresseux, car alors on change seulement de tâche... »

L'homme ne répondit pas, mais il ouvrit le four et ardemment il jetait la houille dans le trésor éclatant du feu.

Ensuite des cloches sonnèrent partout... Un hymne triomphal monta des orgues. Une équipe nouvelle arriva par le chemin qui s'emplit de mousquetaires bruns, aux jambes munies de guêtres. Le mécanicien leur livra la machine, puis avec ses compagnons du travail matinal, il marcha vers les bâtiments de la piscine, où, le bain pris et les hardes changées, chacun recevait un jeton pour le repas de méridienne.

De nouveau la jeune fille se laissa reprendre par l'émotion qui l'avait saisie lors de son arrivée. Ces sonneries de cloches, ces marches d'hommes habillés proprement, la lueur du soleil sur les céramiques fleuries des frontons, et le cadre partout vert des sapins lui procurèrent une sorte de bonheur subtil venu de l'harmonie des choses.

Une aise réelle émanait de ce mouvement humain, de ces courbes de céramiques, de ces couleurs vivantes. Le ciel d'automne était comme du cristal sur les forêts d'or. Une semaine entière, Valentine goûta l'existence.

Doucement elle s'accoutumait à la manie du diseur de chimères. Elle se fit même plus camarade.

Après l'épreuve d'une semaine, elle demeurait sûre de n'avoir plus à redouter ces commotions singulières qu'il lui avait values à bord du yacht. Aucune larme ne montait plus à ses yeux ; ni sa poitrine ne se crispait, ni ses mains ne tremblaient. Bientôt il l'amusa de taquiner le jeune homme. Volontiers, elle donnait des pichenettes dans le château de cartes des rêves libertaires. Lui la supportait joyeusement.

L'amitié se noua vite. Marthe Gresloup les unissait de sa verve forte, les excitant l'un contre l'autre à des insinuations malicieuses.

Une fois qu'en forêt leur joute avait été plus vive, spirituelle extrêmement, pour la joie des autres, Mme Cassénat fit mander sa fille, le soir, dans sa chambre.

Valentine la trouva opérant sa toilette parmi toute une orfèvrerie compliquée, des écrins remplis d'instruments d'ivoire et d'écaille, des bijoux minutieux et pratiques. Les odeurs s'exhalaient des flacons. Une servante peignait la chevelure répandue. La chambre entière était pleine des soies des jupes.

Brusquement, et comme son regard

vert se fixait dans la glace, sur l'image de la jeune fille à peine entrée, Mme Cassénat renvoya la camériste, puis :

— Epouserais-tu un homme comme M. de Cavanon ?...

— Après son aventure... Jamais !...

— S'il te plaisait, cependant...

— J'ignore l'art d'accommoder les restes, mère...

— Tant mieux ! Ton père avait peur qu'il ne te plût... parce qu'enfin il existe des jeunes filles capables de vouloir s'immiscer dans une vie si dramatique, de vouloir interposer leur personne entre le souvenir d'une Maria Pia et la mémoire d'un homme; il en existe que séduirait la tâche d'effacer le fantôme, de conquérir la place... pour voir...

— Oh ! non, mère... Pense donc ! Battre le record de Maria Pia sur piste passionnelle... Tu sais, je préfère un autre genre de sport.

— Tu me rassures. Ton père parlait de repartir... Veux-tu du thé ?...

— Non, bouda Valentine, qui avait cru sentir sous les paroles négatives de sa mère une envie considérable de céder à de bonnes raisons pour la jeter aux bras de Karl.

Toute morose, elle s'en fut dans sa chambre. Il la peinait affreusement qu'on voulût se défaire d'elle par le mariage. On ne l'aimait donc point. Elle pleura.

Mais la pensée saugrenue de sa mère lui fut, pendant toute la nuit, une hantise : se substituer au souvenir de Maria Pia, dans l'âme savante de cet homme... Quand elle s'endormit enfin, cette difficulté la tentait presque à vaincre. Seulement, elle ne voulait pas que Karl de Cavanon la pût croire amoureuse de lui. Le fort, elle le comprit bien, eût été de le rendre épris d'elle et de l'attirer sans qu'il s'aperçût même de la tentative.

Le lendemain, elle n'y songeait plus.

A quelque temps de là, Marthe Gresloup la confessa sur le squatter, ce Paul Ancusse dédaigné, reparti maintenant dans les pâturages australiens. Valentine lui dit comme il avait voulu lui imposer, avant les fiançailles, son caprice, lui interdire le four-in-hand...

— L'excellent jeune homme!... un de ceux, madame, qui voient toujours en nous la captive du butin barbare conquise avec deux coupes, un cratère, six moutons, une armure et vingt-deux sous d'or.

— Ah! elle a changé... en effet depuis, la captive! Je conçois votre refus, mon enfant. Le gaillard avait dû tracer des petits carrés sur votre avenir conjugal, tout comme sur une épure, avec des équerres, des règles plates, des compas, des pistolets et autres accessoires de la mathématique... Et il s'était dit : elle suivra la ligne droite. Une femme, honnête n'a que la volonté de son mari... ça ira tout seul, de *a* en *b*, de *b* en *c*, etc., parce que telle est la loi...

— Juste, madame... Il était ainsi... ce pauvre cher !

— Ah ! jeunesse ! ! Et il pensait qu'une petite personne très sage, éduquée, satisfaite de soi, sans reproche, allait se soumettre à ses lignes droites, se blottir dans ses cases, suivre point par point son graphique !... Ah ! jeunesse !... Tenez, mon enfant ! voilà Karl ; demandons-lui son opinion sur le mariage.

— Eh bien, dites-nous-la...

Il fit cette comparaison. Les Japonais, gens industrieux, inventèrent cette série de boîtes qui se renferment les unes dans les autres pour causer une succession de surprises à qui ouvre la première. « J'imagine que ces philosophes, aux yeux farceurs, voulurent symboliser par ce petit meuble usuel les devoirs du mari. Si je monte jamais sur l'estrade nuptiale, je préparerai, pour ma femme, une dizaine de romans et les lui jouerai d'année en année, tâchant de changer chaque fois le décor, les péripéties et le personnage... Aux premiers temps, je m'attacherai à être Casanova, hein, ma tante ?... ensuite Antony, puis et successivement Lovelace, Valcourt, Adolphe, Clitandre, Pétrarque... et même Faublas... Vous connaîtrez un jour ces héros, mademoiselle... plus tard... Les romanciers n'écrivirent tant de volumes que pour nous permettre de jouer à nos épouses la comédie de paravent. Quiconque sait lire est impardonnable de ne pas renouveler l'affiche. Le tort fréquent consiste à épuiser, aux premiers mois, toute la féerie. Il faut ouvrir, chaque année, une boîte de la série japonaise afin que l'enfant palpite avec la sensation du décor renouvelé. Si l'on n'a qu'une histoire à lui conter, elle dormira ou ira regarder les passants à la fenêtre... n'est-ce pas, mademoiselle ?

— Drôle ! mais c'est une science dont vous parlez là...

— La science de vivre.

— Alors, des romans... rien que des romans ?

— Il faut qu'on nous les fasse, dit Marthe, si l'on ne veut pas que nous les fassions.

— Voyez M. Cassénat, votre père, mademoiselle. A quarante-quatre ans, il mime avec une perfection inouïe et une barbe admirable le rôle du fleuve mythologique auprès de madame votre mère... l'ondine.

— Oh ! ils ne s'ennuient pas eux...

— Comme ça vous vexe, au fond !

Marthe et Karl eurent un rire joyeux, que Valentine accompagna, dépitée, rougissante, confuse.

IV

Le landau de poste franchit, au tumulte des grelots, les derniers parcs du phalanstère.

Dans les terres qui s'arrondissaient vers les collines, les locomobiles haletantes entraînaient de puissantes bêcheuses dont les vingt-deux dents mordaient le sol. En ligne, des monstres de cuivre fumaient, soufflaient sur l'étendue brune, soulevant les vagues énormes de l'humus. D'autres laissaient fuir des nuages épais de poudres chimiques qui s'abattaient sur la terre meuble. Tout un bétail de métal mugissait, sifflait, docile à l'homme.

— Avec mes machines et cinquante laboureurs, disait Cavanon, je vais produire en quelques mois par la vigueur tonifiante de mes poudres, le blé nécessaire à la vie de deux mille personnes pendant toute une année. Il suffirait qu'on imitât dans chaque commune cette initiative pour diminuer des deux tiers, sur la surface de la France, le labeur humain. Songez donc, sans rien changer que la mésentente et la haine, ceux qui travaillent cent heures à présent, pourraient en prendre sur ce nombre soixante consacrées à leur repos ou à la culture de leur âme. Alors l'idée, multipliée par la méditation des peuples, croîtrait en puissance, fournirait chaque jour mille inventions nouvelles propres à réduire encore la peine de chacun. En moins d'un siècle, le travail individuel se trouverait réduit à si peu d'efforts que sa rareté offrirait du plaisir physique, une aide aux muscles. Mais ils ne veulent pas savoir ni s'aimer.

— Le machinisme est appliqué en Amérique, dit M. Cassénat.

— Pour la fortune de quelques-uns et la misère des autres, non pour la bonté.

— Ah ! le bon fou !

— Fou, je ne crois pas. Tenez ; nous voilà en chasse... avec des armes et toute notre joie. Au temps où chacun de nos ancêtres devait conquérir d'abord cent kilomètres carrés afin de nourrir sa famille de venaison, pensez-vous que ces départs pour la recherche de la proie lui valaient le plaisir dont nous nous enorgueillissons ce matin ? Se défiant des fauves et des autres hommes, l'œil guetteur, le pas inquiet, il se glissait sous les arbres. Les brumes des marécages glaçaient son corps nu. Les cailloux et les ronces fendaient sa peau. Partout il flairait la mort. Mais nous semblons contents ce matin de partir en chasse.

Pourquoi donc ne viendrait-il pas aussi,

le jour où nos descendants iraient aux semailles par compagnies joyeuses ? Au lieu des tombereaux, des breaks les mèneront aux champs. Comme nous ils porteront des habits gracieux et commodes ; et comme nous, des instruments de précision pour l'agrément du travail. Heureux d'aspirer l'air des plaines, ils auront aux mains des outils fins comme des joyaux, et, aux lèvres, les strophes consolatrices des poètes.

M. Cassénat riait. Sans doute, ces choses-là se réaliseraient, mais après combien de siècles ? Plus encore que leur souci du plaisir, la vanité des riches leur défendra longtemps de céder l'or dont la possession exclusive les distingue de la foule ; et le pauvre reste trop haineux de ses compagnons pour lever contre les riches la force unifiée du nombre. De la main, il montrait le fainéant, Emile, celui dont l'extraordinaire paresse entravait l'ardeur de toutes les équipes. Cavanon l'avait enrôlé dans les gardes-chasse, pensant que ses instincts de flânerie s'accommoderaient de promenades en forêt, à la suite des piqueurs et des chiens.

Muni d'un carnier, il se jugeait très drôle sous sa casquette à côtes vertes. Il tentait des propos vers le postillon assis près de lui sur le siège. Celui-ci, cocher correct, aux bajoues roses coupées par le haut col, dédaignait le bavard, qui, d'un doigt farceur, le touchait sans cesse. Dans la voiture, on s'amusa du manège.

Quand les chevaux se furent arrêtés, au milieu d'une clairière, Mme Cassénat sauta vite, pimpante, fière d'un complet gris et de guêtres chamois qui la sanglaient. Sa fille, court-vêtue également, la suivit. S'étant emparées de leurs fusils, elles rivalisèrent de prouesses.

Plus bas que la clairière, on découvrait une coupure énorme du terrain, un abîme à pic dans la plaine. Les chênes roux se hérissaient sur les pentes bossuées de grandes roches. Là gîtaient des chouettes, quelques bécasses, et surtout des bandes de ramiers. Au bas, il y avait une bruyère. Les collines de la forêt recommençaient ensuite. M. Cassénat descendit dans les creux avec les gardes-chasse à la recherche du sanglier. Valentine et sa mère coururent pour atteindre la crête de l'abîme.

Karl les regarda gambader sur le tapis de feuilles mortes. Elles lui furent deux nymphes gracieuses aux tuniques brèves et qui fuyaient, par les rousseurs de l'automne, devant la poursuite du faune. Par l'éloignement, l'apparence moderne du costume s'atténua. Il n'eut plus en vision que les fines jambes s'élançant du sol, les jupes drapées par la course contre les formes infléchies des chasseresses, les canons des fusils pareils à des épieux.

« Voilà, pensa-t-il, l'éternelle poursuite de Pan. Comment se fait-il que j'échappe à cette force ? Aucune de ces deux femmes pour séduisante qu'elle soit, ne m'attire en effet. Je ne ramasserais pas une pomme à l'intention de cette petite Minerve plate et courageuse, de cette Vénus si curieusement artificielle et qui penche son col pour que les lueurs baisent ses bandeaux rougis. Me penserai-je mort à la vie ? Ou ai-je accompli un pas de plus que l'ordinaire, et suis-je devenu capable de chérir seulement l'abstraite beauté qui émane en même temps de deux corps ? Suis-je parvenu jusqu'à l'amour spirituel de la ligne, de la lumière pour la lumière, du mouvement pour le mouvement ? Serais-je prêt à voir le dieu sous les apparences écartées par mon âme avertie ? »

Son orgueil le fit sourire. Désireux de gagner l'angle de la brèche avant qu'elles y fussent, il prit un sentier de corniche.

Il craignait que leur ardeur ne les entraînât par des chemins dangereux.

A un détour, il rencontra Emile assis, la pipe en bouche. Il le fit lever et suivre afin qu'il ramassât le gibier abattu. L'homme déclarait s'être perdu dans le bois. Cavanon le regarda en se moquant.

Comme ils marchaient, la sente s'encaissa dans la craie du terrain ; elle tournait, revenait, se détournait encore. A leur droite, le sol tombait selon un mur à pic, dans la bruyère du fond. Soudain, la sente s'interrompit net.

Les parois de l'abîme avaient, pour saillies, des roches encastrées dans la terre et couvertes d'une sorte de neige. A mieux voir cette blancheur, il reconnut le plumage d'un peuple d'oiseaux.

Justement, sur l'autre bord de la coupure, Valentine parut, la première, fine et svelte, l'arme aux mains. Sa venue fit lever un tourbillon d'ailes. Elle épaula.

Des volatiles versèrent parmi les flocons de fumée. Des bandes raides et criardes se dressèrent en triangle sur la lumière du ciel. Une bête encore culbuta sous un second coup de feu. Mme Cassénat rechargeait.

D'autres vols éclatèrent par le vide. Des bandes de bêtes passèrent près de Karl, tendues et droites, fendant l'air d'un bruissement d'acier. Il tira.

Des oiseaux versèrent sous l'explosion. Alors ce fut une déroute. Au fond de l'abîme, les cohortes tournoyaient, cherchant la route. La mort leur venait du ciel et de la terre. Çà et là, des colombes tentaient des ascensions isolées, vite rompues d'un coup de feu, pour choir, ailes décloses, précipitamment.

Des cadavres, bec en pointe, culbutaient du ciel. Les chasseresses ne se lassaient pas. Une fusillade crépita de roc en roc. Karl les aperçut bondir, victorieuses.

L'air se ridait de détonations. Il plut du sang sur sa main...

La goutte chaude s'étala contre sa chair. La bête s'abattit vers les profondeurs. Il se recula.

Au contraire, Emile, enivré par le massacre, sauta dans la coupure, se laissa glisser le long des talus, se balança au bout des arbustes ; et il ramassait les bêtes mortes, les empilait dans le cuir du sac, avec des cris heureux.

Droite, à la pointe d'un roc, Valentine, lui répondait ; sa main aiguë et sa voix sifflante guidaient la recherche de l'homme.

Cavanon entendit vibrer ses tempes : « Le voilà encore, l'être de destruction, la vieille amante du serpent, pensa-t-il. Oh ! comme les créatures d'amour aiment étrangement la mort !... Maria, Maria, tu as tué mon espoir de vivre, comme celles-ci tuent les oiseaux !... et je gis en moi-même, avec ton nom pour épitaphe ! »

Il se détourna. L'image de Maria Pia se précisait, telle qu'il l'avait connue aux mauvaises heures, quand un sourire atroce coupait sa face, quand ses yeux s'ombraient de malice et de haine.

Sûrement le fantôme pervers enfonça ses griffes dans le crâne du songeur, et d'un fort battement d'ailes, il l'étourdissait. Karl regravit la crête de l'abîme. La rancœur de la passion méconnue gonflait son être.

Il s'arrêta devant la perspective du ciel. Vertical, le firmament tombait sur le bois, comme une vitre. Il n'était point bleu ; mais il offrait une transparence lumineuse et sans fond qui se matérialisait à peine pour joindre la nappe des feuilles rousses.

Encore une fois, la figure de Maria Pia parut se profiler sur cet univers imprécis, autrefois résumé par sa splendeur physique. Karl revit ses bandeaux d'or brûlé étendus sur les yeux savants.

Il ne se déroberait donc, en aucun jour, à l'étreinte pernicieuse de la guivre ? A l'heure où il croyait l'image près de s'évanouir, elle ressurgissait, formidable et imprévue, pour lui redire l'éternité du supplice. Et, sur sa lèvre crispée, il lui sembla voir descendre la plaie du sourire rouge qu'elle arborait.

Le songeur s'emporta contre son impuissance à s'affranchir. Il frappa violemment la terre avec la crosse de son arme. Au contraire, le maléfice s'imposa.

Avec des détails précis, des sons de paroles, les jeux exacts de la lumière, le souvenir lui retraçait une nuit sinistre de sa passion.

Il était revenu, ce soir-là, d'un long voyage vainement entrepris pour oublier.

Maria Pia le rejoignit après le théâtre, et il l'emmena dans sa voiture. Elle comprit son pouvoir, puisqu'elle se retrouvait près de lui. Deux heures elle fut subtile et ravissante, prodiguant au voyageur une affection onduleuse et les mirages de sa voix modulée. Sûre ensuite du bonheur extrême qu'elle lui procurait, elle dit avec un sourire : « Ordonnez qu'on nous conduise à cette maison dont je vous parlais. De jeunes convives m'y attendent et des amies joyeuses. Les vins crépitent déjà dans les coupes,... et voyez, j'ai sous ma robe, contre ma peau même, tous mes joyaux... C'est une fête à laquelle je ne saurais manquer..., et si je n'arrive à temps, les invités m'en garderont rancune, car la bacchanale ne commencera point avant ma venue... Pourquoi vous attrister ?... N'est-ce pas mon esprit que vous chérissez et non ma chair,... ou me ferez-vous l'injure d'affirmer que vous n'attendez de moi qu'une flatterie sensuelle... Karl, si vous ne me conduisez à cette maison, je jugerai votre passion bestiale, honteuse, et ne vous reverrai point. Ordonnez qu'on nous mène... Et partagez ma joie, puisque vous prétendez m'aimer comme il convient, c'est-à-dire jusqu'à vous réjouir de tout ce qui m'enchante... Eh bien, je vais revoir à cette table un jeune homme qui donne de l'enthousiasme à mes sens. Voyez, je brodai de mes mains la soie de cette ceinture que je vais lui offrir. Il m'adore et moi je m'en amuse, comme s'il était une belle courtisane pour mes goûts un peu virils envers les êtres faibles... Allons, ordonnez,... ou vous m'aimez bassement... Vous m'aimez avec l'instinct ridicule d'un propriétaire qui garde jalousement la beauté de son levrier, de son cheval, ne tolère point que d'autres les caressent. Vous savez, si je m'aperçois en vous de cette sorte d'amour, je ne vous souffrirai plus auprès de moi... »

La lente, l'atroce course de voiture, à travers les boulevards lumineux, favorisait les jets brefs par la portière des feux électriques sur le visage joyeux de Maria Pia ! Le sourire rouge coupait sa face aux tons de perle ; les yeux clairs luisaient perfidement sous le voile fin des cheveux épandus. Quelle apparition de miracle, cette tête du Vice éclaboussée soudain de lueurs fortes, puis éclipsée dans les passages de l'ombre !...

Karl de Cavanon sentit à son cœur s'enrouler et mordre les vipères de ce soir-là... C'était alors qu'elle avait tué son espoir de vivre ; c'était depuis lors qu'il gisait en lui-même tel qu'un cadavre, avec, pour épitaphe, le nom seul de Maria.

Il regardait toujours la vitre verticale du ciel... et son hallucination précisait la peine... Il la vit encore, la meurtrière, sauter légèrement de la voiture sur le seuil de la maison pleine des feux de fête... Déjà elle avait répandu sa chevelure, et la main princière sonnait précipitamment, car on n'entendit point de l'intérieur à cause des musiques barbares, à cause des ivrognes tumultueux...

Vers de tels chiens était allée l'âme où il avait enclos l'hostie saignante de sa pensée... Et son pauvre bouquet de jeunesse noyé parmi tant de vomissures!...

Karl de Cavanon se tordait sous les lanières du souvenir... Loin de lui, il jeta son arme, car les détonations continuaient dans l'abîme où s'évertuaient les chasseresses.

Et cela retentit dans son cœur, comme s'il eût vécu l'agonie de chaque oiseau. Soudain, il s'abattit sur l'herbe, mit son menton dans ses mains. La peine gonfla, gonfla sa gorge; et puis elle déborda en un flux de larmes derrière lesquelles tremblèrent les perspectives brillantes du ciel et des bois.

Ainsi, longtemps, il se tortura.

Cependant, il finit par vaincre la douleur. Il se redressa. Nul bruit d'armes ne sonnait plus dans l'abîme, mais seulement des éclats de voix, des appels et des rires. L'heure du retour menaçait sans doute.

Quand il fut debout, une petite chose blanche attira son regard, mi-cachée dans l'herbe, près de la place que son corps pantelant avait foulée. Il se baissa; il cueillit un mouchoir de femme à la bonne odeur. Au coin parut la broderie d'un V. S'étant baissé encore, il découvrit au même endroit les douilles en nickel des cartouches uniques à l'usage de Valentine et qu'on lui envoyait d'Autriche. Elles sentaient fortement la poudre.

Karl eut d'abord un dépit, même de la

colère contre l'intrusion de la gamine dans ces minutes de lâche amertume. Evidemment, elle l'avait vu de loin; à pas silencieux s'était approchée; puis, après la constatation des larmes, elle avait, par ironie, déposé ce mouchoir plié en quatre.

« Le mieux, jugea-t-il, c'est de ne pas lui laisser le triomphe de sa farce. Je vais remettre ce mouchoir sur l'herbe et je feindrai de ne pas l'avoir vu... » Après réflexion, il se ravisa : « Bah ! rendons-le-lui; ça lui fera tant de plaisir à cette petite fille, de me bafouer ! Et je suis au-dessus de la vexation que me promet sa sottise... Bonne enfant, va !... Je lui souhaite sincèrement de demeurer robuste devant la vie comme elle s'imagine l'être... »

Ayant saisi le mouchoir, il ramassa son fusil et descendit vers la brèche.

Les chasseresses au fond, en un groupe,

levaient les yeux vers une saillie de roc où un grand oiseau était, les ailes éparses, mort. Karl vit alors Emile qui, excité par les gestes des femmes, grimpait le long de la paroi pour atteindre le bloc isolé et y recueillir leur proie. Tout de suite, il comprit le péril de cette ascension. Certes l'homme réussirait à s'asseoir sur une autre pierre, qui surplombait un peu à gauche.

Mais la coupure de l'abîme offrant au-dessous une muraille complètement lisse, il eût fallu un saut pour passer de l'une à l'autre saillie. Une simple glissade, en tombant sur le roc étroit, nécessiterait la chute jusqu'au fond de la brèche.

Emile déjà, s'aidant des aspérités de la paroi, atteignait la plus haute pierre, et il regardait sous lui le but du saut en calculant sa force.

— Emile! cria Cavanon, Emile, je vous défends de sauter!... Ne sautez pas....

— Si, si, si! crièrent d'en bas les femmes, les joues chaudes du plaisir de tuer, l'ivresse plein les yeux.

Émile montra sa grosse figure ronde où le rire brillait. Il décrivit un geste d'insouciance, se projeta.

Les pieds joints, en piquant le corps de la bête, glissèrent sur la chose molle. L'homme passa le roc pour s'écraser, en flaque de chair, contre une troisième saillie sise en contre-bas. Les femmes crièrent. Le pauvre était une masse inerte amoncelée au bord de la roche. En haut, un triangle d'oiseaux hurla une plainte rauque.

L'oiseau tué avait chu aux pieds de Valentine, qui machinalement le ramassa. Les deux chasseresses s'affolèrent en appels, en gestes.

— Taisez-vous donc! commanda rudement Cavanon, qui se laissa descendre jusqu'à elles en une course bondissante.

Il lui semblait que la tête du chauffeur n'avait pas heurté le roc. Ses jambes avaient porté d'abord sur la pierre. Il pensa : « Je vais le rejoindre : il n'est pas mort. »

Malgré les supplications, Karl dépouilla son attirail, sa veste, qu'il enroula en manière de turban autour de son crâne pour amortir les chocs. Les bretelles de fusil et toutes les courroies, il les lia solidement ensemble.

« Pourvu qu'un épanchement interne ne l'étouffe pas, » songea-t-il encore.

Valentine et sa mère s'opposaient à cette hâte. Mais il leur darda des regards si froids qu'elles se turent. La fureur le pressait. Il prépara une belle revanche sur les femmes, la femme. Lui, Karl de Cavanon, qu'elles estimaient d'âme égale à la leur, il leur signifierait que vraiment elles se flattaient.

— Pardon, dit-il, nous l'avons voué à

la mort, ce garçon, pour satisfaire la mince gloriole de rapporter une dépouille d'oiseau... Voyons du moins si la mort en a voulu...

Karl se pendit aux plus basses aspérités de la muraille et il se hissa le long de l'abîme. En cet effort, il épuisait une rage terrible, celle de son impuissance à vaincre l'obsession du fantôme, celle aussi née de la révolte excitée par l'égoïsme de ces femmes qui comptaient pour trop peu la vie du pauvre.

Il alla vite. Ses ongles mordaient la terre. Ses poings s'attachèrent aux tiges. Ses pieds déchaussés s'agrippèrent au roc. Il montait. Autour des arbustes, poussés droits dans la glaise, il lançait sa courroie, alourdie d'un caillou. Ce lui prêtait l'aide d'une rampe.

L'exaspération nerveuse renforçait sa vigueur, son agilité, son audace.

Il escalada la roche d'où l'homme avait

sauté. De là, il le vit, respirant sur la troisième pierre inférieure, heureusement garnie de quelque terre et de gazon.

Karl n'aperçut aucune trace sanglante. Probablement, la chute, effectuée sur les jambes, avait épargné le corps.

Il fallait atterrir à la saillie où l'oiseau était mort avant de pouvoir franchir l'espace séparant ce deuxième point de la roche où l'homme râlait.

Cavanon réserva l'usage de sa courroie pour cette autre phase du trajet, et se résolut au saut même tenté par Emile.

Cependant, il subit l'angoisse d'une hésitation. Sa chair se refusait à la chute possible. « Bah! pensa-t-il, je suis déjà quasi mort. Une pareille fin enseignerait du moins un peu de bonté à ces créatures luxueuses qui, maintenant agenouillées, prient le bon Dieu, avec des mains théâtrales, pour racheter le massacre inutile de ces pauvres oiseaux et la mort

7.

d'un homme. D'ailleurs, dans un autre état d'esprit, je prendrais la chose selon un scepticisme impertinent. Au lieu de cette triple prière décorative, elles ressasseraient la philosophie pessimiste de leurs romans habituels et déclareraient, avec des sourires spécieux, qu'après tout la mort était, pour ce vil pauvre, le sort le meilleur... Tandis que si je me lance, ça leur implantera sans doute dans l'esprit un soupçon d'altruisme... Allons-y... »

En raisonnant, il avait ceint ses pieds des morceaux de sa chemise afin de les prémunir contre les écorchures. Il examina le but, se cambra un instant, non sans une certaine fierté de viveur pour son torse classique, et bondit...

Après un étranglement bref, il se retrouva sur le flanc et sur les mains, l'épiderme du coude arraché, mais sauf, dans la flaque rouge où l'oiseau avait expiré.

Debout, il aperçut les femmes dont

l'angoisse tendue vers lui l'impressionna. L'homme semblait évanoui sur sa pierre. Son buste soufflait, et des fils sanglants coulaient des lèvres ouvertes. Valentine regardait encore. Karl ne résista point à l'envie puérile de lui rendre alors le petit mouchoir enfoui dans la poche de sa culotte. Se moquant de soi pour cet épisode romanesque, il en essuya son coude, puis le laissa aller, dans l'espace, ainsi que par mégarde... La chose descendit en tourbillons lents, pareille à un oiseau écarlate et pâle.

Le reste de la besogne lui parut facile. Grâce aux courroies établies en rampes, grâce à des aspérités commodes, il parvint auprès du blessé.

Les jambes étaient rompues. Karl institua des attelles avec des branches. Emile respira tout à fait quand une friction d'alcool eut excité son odorat.

D'écho en écho, les appels des chasseresses retentissaient. Cassénat survint. On secourut le sauveteur et le blessé.

— Mademoiselle, dit Karl en touchant la terre, l'idée de m'offrir un mouchoir fut excellente. Il m'a servi.

Elle le regarda fixement de ses yeux bruns écarquillés, et une émotion palpita dans ses fines narines pendant qu'elle murmurait :

— Je suis une petite fille, moi... une petite fille, moi...

V

L'automne persista dans une gloire tardive, radieuse. Au phalanstère, il y eut des préparatifs pour une fête. Karl de Cavanon faisait récolter, avec les roses, les chysanthèmes blancs des serres. Les vieilles, nombreuses, allaient de tige en tige sous les dômes de verre ; et, se courbant, cueillaient.

C'était une moisson éclatante ; des jonchées de neige entre les ruisselets d'eaux chaudes en gazouillis dans leurs rives de terre vernissée. Le soleil s'épanchait par les lames ouvertes des coupoles basses. Des angles de lumière fendaient l'air, doraient les têtes bises des moissonneuses, serrées dans des capuches rouges ou brunes. Les fleurs et l'éclat des lueurs éblouissaient les vieux yeux des femmes, rajeunies cependant par des sourires plus vifs et qui se souvenaient.

Avec ces corolles fraîches on décorerait la salle du spectacle. Toutes s'évertuaient, malgré la sécheresse des pauvres mains. Soudain, l'une, enfouie dans les roses, se redressa pour montrer une petite blancheur qui s'agitait au loin dans le cadre de l'arcature béant sur la campagne et la route.

Cavanon regarda. Un signal était brandi par quelque centauresse. « Valentine, sans doute, » pensa-t-il, et il mit la main sur ses yeux.

Ainsi qu'une guerrière des légendes, elle apparut encore. De sa jeune main gantée en blanc, elle claquait l'encolure du noble Hérode emballé. L'étroite jaquette, ouverte et flottant à l'inverse du galop, découvrait une chemisette bleuâtre très empesée, droite sur le buste.

A l'admirer si ferme en selle, il s'étonna des brusques lueurs rendues par le pelage moite du cheval accourant. Il la salua, si menue dans la courte amazone que dépassait même le brodequin jaune à l'étrier.

Volte par volte, elle obligea le noble Hérode à tourner sur lui-même, restreignit peu à peu le cercle, et enfin l'arrêta, tout mousseux d'écume, les naseaux collés au poitrail par la tension des brides.

Alors, soulevant son chapeau de paille vernie, elle imita le salut des mousquetaires avec l'air le plus solennel du monde :

— Hein ! voyez l'état où il s'est mis, ce monstre.

La petite main derby flatta le poil sous lequel haletaient les veines.

— Oh! ces fleurs, ces fleurs! Attendez... je vais revenir.

Ayant piqué, elle enleva de nouveau l'animal, qui repartit au trot.

Les vieilles la contemplèrent fuir. Cavanon souffrit de ce qu'elles pensaient. Aucun luxe n'avait paré leur vie. L'âge leur enlevait à présent l'espoir du coup de fortune que les pauvres gardent si longtemps. Sa poitrine se gonfla de tristesse.

Elles s'étaient remises à l'ouvrage sans sourire. Et les rides des figures, parmi la blanche moisson florale, se creusèrent plus profondément.

Une heure de silence s'appesantit sur les épaules de toutes. La splendeur des lumières, l'apparat des fleurs n'étaient alors que contraste pour la décrépitude des corps.

Le diseur de chimères, s'interrogea. Pourquoi, entre tant d'hommes, se sentait-il émouvoir de la douleur d'autrui ? N'avait-il pas été, comme les autres, vain, brutal et passionné ? Soldat, d'abord, il espérait la gloire, un sabre sanglant et l'incendie drapant les villes conquises. En ce temps-là, l'existence lui semblait de peu de prix, par suite de raisonnements pessimistes. Et puis, peu à peu, son dilettantisme s'était amouraché d'autres conceptions.

Il lui avait paru clairement que l'idée se développe là où les populations les plus denses s'assemblent, se civilisent, s'affinent, inventent et se multiplient. Pour que l'idée croisse, il faut l'innombrable effort de peuples très grands, et le génie en résulte. Avant tout, il importe donc de favoriser la vie.

La stupidité des nouveaux barbares, soucieux uniquement d'imposer le triomphe d'une caste, dès lors, l'énerva. En Afrique, il avait vu les réfractaires, aux compagnies de discipline, marcher des jours à travers le sable chaud, les doigts serrés par les poucettes de fer, et semant leur sang sur leur ombre courte. Pour avoir voulu délivrer l'un de ces hommes de la brutalité d'un sergent, il avait dû entrer en conflit avec l'état-major, enfin démissionner.

Le peu d'écho trouvé à ses convictions l'induisit à se désister de la lutte. Des ans, avec sa tante, il voyagea, vit et lut.

En ces temps il possédait une âme sèche et rieuse, convaincue de la bassesse de quiconque, de l'ineffable barbarie du siècle. Maria Pia s'était tout à coup levée devant son avenir quand il allait atteindre vingt-huit ans. Rencontrée par hasard chez un peintre ami, elle avait tenu à l'enrôler dans son cortège de philosophes, d'artistes, de causeurs. Spontanément, à la fin d'une seconde entrevue, elle lui avait offert, en appât, la beauté de son corps.

Pris aux mirages, atrocement déçu, par suite, de se voir un dans le nombre des suivants, il avait du moins conquis à cette épreuve une notion plus forte de la douleur.

A bien étudier la sienne, celle du peuple l'avait possédé mieux et il avait reposé sur la multitude en souffrance son dur fardeau d'amour.

Tout ce dont il eût souhaité combler Maria, il venait l'offrir aux pauvres. Cela seulement l'empêchait de mourir, car la courtisane avait engendré dans son cœur un rythme d'amour si grand, qu'à moins de lui donner un nouvel espoir, la faible gaine humaine en eût été brisée.

« Oui, concluait-il en soi-même l'homme ne peut vivre qu'en aimant, soit une femme, la famille ou l'humanité. Je me contente trop mal pour me chérir, et le mensonge des maîtresses ne convient pas à ma constitution. J'ai peur de mettre au monde des êtres malheureux. Le sentiment de cette responsabilité m'écarte de la famille. Mais dans l'harmonie de mon rêve social je retrouve les belles formes de Maria... Quand elle paraissait puérilement joyeuse et confiante, quel élan transportait mon être! Et quand la cruauté de son sourire à vif convulsait aussi la mer de ses yeux bleus, cette discordance me valait justement la douleur subie devant ces vieilles attristées par le passage fringant de la petite centauresse... Je porte mon mal avec moi, mon mal, tout... »

Il empoignait les brancards d'une brouette remplie de fleurs quand arrivèrent de compagnie les Cassénat, sa tante, conduits par Valentine, il les invita à le suivre dans la salle de spectacle qu'on aménageait.

Valentine marcha contre la brouette. Les parfums la grisaient un peu. Depuis l'accident qui avait meurtri le garde-chasse Emile, elle affectait une certaine déférence à l'égard de Karl. Néanmoins elle s'était vite reconquise sur son émotion première. La sincérité du songeur maintenant démontrée par l'acte ne permettait plus que la jeune fille se choquât des discours. Il la distrayait plutôt. Même elle nourrissait à son égard de la compassion.

Conversant avec lui, elle le jugea un peu fou, bonne âme au demeurant, incapable d'occire une mouche sans raison.

Cette fois elle lui demeurait fort reconnaissante de traîner auprès d'elle la brouette de fleurs afin qu'elle goûtât du plaisir. Il faisait chaud. Cavanon dut bientôt s'éponger la face. Valentine faillit pouffer. Elle ne résista point à l'envie de rejoindre sa mère pour rire avec elle. Marthe Gresloup convertissait à la politique M. Cassénat, et la jolie dame s'ennuyait de façon visible. Entendant sa fille approcher, elle s'arrêta pour se laisser rejoindre.

— Mère, fit l'enfant, le terre-neuve n'en peut plus. Regardez comme il transpire.

— Ah ! le pauvre terre-neuve !

— Comment ! vous dites aussi : pauvre terre-neuve... Vous le trouviez si bien naguère.

— Sa conduite de l'autre jour m'a exaspérée, que veux-tu ? J'ai horreur des gens à semblerie.

— Et le coup du mouchoir ! quel ténor... hein !... et il ne pose pas, vous savez. Car, enfin, je l'ai surpris pleurant de vraies larmes, des vraies.

— Il exagère le théâtre, ce cher monsieur...

— Ah ! vous ne concevez plus que l'on cherche à s'interposer, ainsi que vous le disiez, entre lui et le souvenir de cette Maria Pia.

— La malheureuse créature !... Je comprends qu'elle se soit lassée... Il parle comme l'Institut.

— Marchons moins vite, mère, il nous rattrapera. Nous le ferons pérorer. Ça m'amuse tant de le voir pousser la brouette, et puis, vous savez, réellement, les fleurs embaument.

Valentine s'étonna de soi-même.

Pourquoi retenait-elle la robe de sa mère ? Elle s'avoua un désir très fort de recauser avec Cavanon. Sa hâte la surprit. Elle s'appliqua pour marcher au pas trop vif de Mme Cassénat. Mais soudain Cavanon les appela tous et les fit se parer de ses plus belles fleurs.

— C'est pour souffler à l'aise, remarqua Valentine.

— Voyez, dit Marthe. Quel charme cela donne à M. et Mme Cassénat...

On les regarda s'éloignant déjà sur la sente blonde, elle suspendue au bras de son mari, légère et musculeuse dans une robe de mousseline safranée à mille plissures. La délicieuse tête rousse se pencha, et lui se reculait, riant comme les faunes, pour éviter la touffe de chrysanthèmes dont elle menaçait la barbe admirable...

Subitement il se mit à courir. Très alerte, elle le poursuivit; et sa courte robe empire fut pareille à un vêtement de baby joueur.

Valentine ressentit une grande confusion de ces allures. Pour cacher sa honte elle s'empara de roses et se mêla rapidement à la poursuite, afin que sa présence calmât l'émancipation des parents.

Marthe et son neveu se regardèrent avec des yeux d'augure, et leur rire affola l'enfant, qui sentit l'écarlate à son visage.

— Quel singulier petit être! tante.

— Elle défend avec une énergie magnifique sa personnalité de tout contact.

— Tu n'imagineras jamais combien je lui parais ridicule. Elle me déteste loyalement. Depuis l'accident d'Émile, sais-tu qu'elle m'appelle le terre-neuve, terre-neuve... Oui, tante... et avec une moquerie souverainement dédaigneuse... ma foi.

— Mon pauvre Karl... « terre-neuve... » Oh ! que c'est drôle !...

On atteignit la basilique.

C'était un édifice de hauteur projetant au ciel des pinacles fins, des flèches de fer forgé, des mâts de pourpre. Sorte de loge italienne plus large que la façade, le portail se formait d'un arc en rails courbes. Leurs intervalles se comblaient de zones de céramique portant parmi les couleurs du prisme, le relief peint des signes du zodiaque. D'autres bandes éclairaient la voûte par des transparences de verre pur. Et ces pluies de jour blanc tombaient, verticales, sur les moulages des statues illustres offrant la splendeur de leurs formes à l'averse lumineuse.

Le Persée de Benvenuto présentait la tête de la méduse entre les deux portes ouvertes au fond de cette voûte. L'intérieur ressemblait à celui d'une église. Au lieu de l'autel, une scène se développait sur le fond du chœur. Des étages de stalles remplissaient la nef entière. Les orgues brillaient au-dessus du théâtre derrière un balcon dont le fer se contournait en corolles monstrueuses et en bêtes hybrides. Plus haut, une rosace, métal et vitraux, illuminait les stalles éclairées encore à chaque flanc par sept immenses fentes, très étroites, percées aux murailles latérales et dirigées de la base au faîte, selon l'essor des fusées d'artifice. Chacune de ces fentes encastrait une vitre de couleur. Ainsi, elles versaient sur la nef, aux instants de soleil et dans l'ordre du prisme, sept lames de nuances diverses.

Quand Valentine pénétra dans ce lieu, les orgues s'exaltèrent. Sur les gradins, des filles couraient avec des guirlandes de chrysanthèmes qu'elles fixaient contre les briques, alternativement roses et noires, des murs.

La scène se remplit de créatures jolies, vêtues de maillots et de ces courtes tuniques que la sculpture concède aux nymphes. La meute de Marthe Gresloup, vingt-deux vendéens nobles, hurlait, sautait, les gueules magnifiques et les membres souples, au milieu des mimes. On représenterait la chasse de Diane, l'épisode d'Endymion, et celui du chasseur indiscret que les chiens dévorèrent.

Les préparatifs se terminaient. Valentine reconnut, aux orgues, le mécanicien de l'usine. Il s'adonnait à la musique, passé les cinq heures obligatoires du travail manuel. Les ballerines aussi étaient prises parmi les tisseuses. L'orgueil de paraître en splendides costumes, pour l'approbation des compagnes, les incitait à la culture d'un art. Patiemment, Karl de Cavanon les avait dressées, non à réussir des exercices de pointes et à surpasser les danseuses des opéras, mais à former des cortèges bien déroulés, à marcher sur des rythmes, à développer des gestes beaux.

Séduites par le prestige du théâtre, elles se donnaient toutes à l'œuvre. Les vieilles elles-mêmes brossaient activement les coussins des stalles ou promenaient au long des verrières les éponges de leurs longs bambous.

Cavanon allait, très joyeux, parmi les fleurs et l'activité des êtres. Le soleil insista pour darder ses lames de couleur. Marthe inspectait les costumes des ballerines, suivie de Mme Cassénat qui, follement, épanchait son rire.

Les femmes, massées sur la scène, portaient aux visages un air de franche liesse. Bien que Valentine ressentît quelque répugnance pour ces créatures inconvenantes, aux jambes et aux bras dévoilés, elle ne pouvait se défendre de la joie qui s'irradiait des yeux et des paroles.

Un chœur de petites filles chanta des strophes en sourdine. Les voix, timidement simples, s'unirent aux essors adoucis des orgues. Ce fut une chose suave.

Comme un enfant, Cavanon courut des uns aux autres. Il avait pris M. Cassénat par la main ; il l'entraînait à travers les guirlandes. Une jeunesse revenue emporta son geste, ses encouragements.

Jamais Valentine ne l'avait vu tel. Il escaladait les gradins, les bras pleins de roses, sa face aquiline très animée.

Mais, les cloches ayant sonné partout, on fit descendre le rideau de scène. Les vieilles disparurent. Au dehors, il naquit une rumeur de foule.

Elle entra. Des mains admiratives s'élevèrent au-dessus des capulets. Des appels se répondirent. Grand bruit : un essaim de jeunes filles gagna les hauteurs de l'estrade. On les vit courir le long des stalles. Les hommes s'approchèrent de la scène, pour mieux voir, et ils se poussaient un peu.

Quand l'assistance se fut placée, Valentine ressentit du saisissement. Les vitraux des hautes fentes coloraient par tranches obliques, jaunes, orangées, rouges ou violettes, les trois cents têtes tendues vers un même point, immobiles enfin contre les guirlandes florales des murailles roses et noires.

Ces teintes étranges retiraient aux visages l'allure de la réalité. La jeune fille se rappela les vers du Dante. Le souvenir se compléta, parce que chacune des couleurs correspondait aux signes du zodiaque. Ainsi les êtres semblèrent sous l'influence mystérieuse, mais certaine, des astres originels.

La joie marquée sur ces faces rendit plus poignante la sensation d'outre-vie qu'elles offraient. Aux orgues, le musicien exécutait une messe de Bach. Valentine sentit les ondes sonores émouvoir sa poitrine. La matérialité de la musique pénétra sa chair, ses nerfs. Elle vibra comme l'air en essor aux anches harmonieuses.

Sans cesse, elle revenait à ces bandes de visages pareils à des tapisseries brodées d'yeux, de sourires, de mines. Une révélation l'enchanta. Elle comprenait enfin la folie de Karl, cette culture des âmes pauvres dont il assurait la vie matérielle, pour qu'elles pussent croître dans la connaissance de la beauté. Les sons des orgues grandirent et le chœur des jeunes filles s'élança vers les lumières féeriques de la nef...

> Nous aurons des lits pleins d'odeurs légères,
> Des divans profonds comme des tombeaux,
> Et d'étranges fleurs sur les étagères...

Elle ferma les yeux. Un monde nouveau venait de luire en son cœur; elle se laissa tressaillir.

Des odeurs de félicité l'enivrèrent. Elle saisissait en soi la splendeur de l'amour, non du médiocre amour dit par les livres et la romance, mais celle du dieu lui-même, de l'Éros qui pousse les hommes à se chérir, à s'unir en couples, en familles, en hordes, en républiques, pour que la bonté miraculeuse, un jour, au bout des siècles, vienne à s'épanouir sur le monde racheté de la douleur, s'étreignant dans le même baiser.

Maintenant, elle comprenait le délire

du diseur de chimères et son calvaire auprès de Maria Pia, et la dévotion à l'amour pur, et l'amour social remplaçant la passion basse des apparences corporelles.

Sûrement, il se rachetait de sa déchéance passagère aux pieds de l'actrice.

Il parlait. Debout devant le rideau du théâtre, il expliquait aux spectateurs le mythe de Diane, la révolution des mois lunaires, et comment au bel Endymion, aux peuples des anciens pasteurs, la nuit amoureuse avait révélé, avec la profondeur de l'univers, les dogmes des religions consolatrices. Celui qui veut saisir le mystère des étoiles et de Diane, leur reine, lorsque, dépouillées, elles se baignent dans l'éther, sera poursuivi jusqu'à la mort par l'obsession des rythmes qui conduisent leur course sidérale. Actéon sera dévoré par les chiens de la déesse. Car le mystère et la science attirent, pour ne plus ensuite épargner l'esprit qui les tenta.

Brièvement, le diseur de chimères exhortait les spectateurs à ne point voir dans la parade du théâtre l'apparence seule de la pantomime et la séduction immédiate de formes heureuses. Il fallait songer plus avant, comprendre le sens des légendes et des paraboles, par lesquelles, de siècle en siècle, la sagesse des races s'est transmise. Dans la salle, on gardait respectueusement le silence ; mais, sauf quelques-unes, les oreilles n'étaient pas attentives. Les regards des femmes comptaient les roses des guirlandes, ou se riaient de gradin à gradin. Sur les visages, il se manifestait plutôt une résignation, comme devant un inévitable ennui, qui passerait. Seuls, quelques hommes de trente ans écoutaient, leurs fronts contractés de plis, péniblement. Sur les hauteurs de l'amphithéâtre, des jeunes filles et des garçons s'émancipèrent. Les vieux, d'en bas, leur criaient des *chut* impératifs. Alors les filles ne continrent plus le rire. Leurs fortes figures se congestionnaient, tant elles faisaient d'efforts pour n'éclater point. Leurs poitrines énormes dansaient dans les corsages.

— Sont-elles stupides, ces créatures! dit Valentine à Marthe. C'est bien, ce qu'il leur apprend!

— Peuh, la moindre chanson de café-concert les disposerait mieux. Il jette les perles aux poules, mon pauvre neveu. Eternellement, il jettera des perles aux poules.

De couleur en couleur, une agitation se propageait. Dans les bandes de lumière, les broderies de figures s'étiraient pour des gros rires ou le murmure de plaisanteries. Cavanon dut s'arrêter. Le silence se rétablit. Mais le charme de l'orateur ne dominait personne. Il dut précipiter son discours dans une gaieté un peu amère, et le pli de souffrance se creusa plus, du nez aux lèvres, à sa face lassée.

Au dernier mot, il s'échappa de toutes les poitrines un soupir d'aise. Les jambes remuèrent. Les rires s'échangeaient à pleine gorge. Le bonheur de n'avoir plus à s'instruire illuminait les fronts bas de l'assistance.

Revenu au milieu de ses amis, Cavanon se moquait de lui-même, cruellement. Valentine alors en émit des paroles de révolte contre la sottise de ces gens...

— Ah! baron, votre sport! jamais, voyez-vous! Les bêtes en sont trop inférieures...

— Aussi pourquoi vouloir apprendre aux ânes à jouer du violoncelle?... dit Cassénat, haussant ses fortes épaules...

Les orgues chantèrent. Le rideau se divisa et découvrit la scène. Diane s'avançait à la tête de ses compagnes, et ce fut le gracieux développement d'une théorie de fresque ancienne.

Une nymphe soufflait à la fois dans deux flûtes... Les chiens tiraient sur leurs laisses.

— Mais elles sont en chemises! fit une voix égrillarde, au parterre. De stalle en stalle le mot se répéta dans une explosion de facéties; on se montrait les jambes des nymphes.

Des femmes se tenaient les hanches pour ne pas mourir d'hilarité. Les garçons commencèrent à lancer des lazzis inconvenants. Marthe Gresloup entraîna Valentine, qui, une seconde encore, embrassa du regard le fin édifice rose et noir, coupé par les bandes de couleur où ricanaient les brutes.

Dehors, comme la jeune fille le plaignait, Cavanon répondit :

— Ils ne savent pas encore, mais ils apprendront. Quand nos ancêtres croisés arrivèrent dans Byzance, ils parurent très grossiers aux Commènes. Plus ou moins, cependant, nous descendons de ces nobles-là, nous autres.

— Certes, répliquait Cassénat. Seulement, mon cher, vous êtes un peu futur,... et Byzance a disparu de ce mal-là.

— Un peu, oui,... un peu futur.

Il l'avoua avec tant de douceur triste que Valentine en eût presque pleuré.

On atteignit un bois de sapins qui menait vers les collines. Derrière eux, la rumeur délirante du spectacle s'atténua confusément.

La jeune fille écoutait son père prétendre que le peuple, esclave d'instincts ignobles, demeurerait trop longtemps encore incapable de libertés. Avait-il seulement le courage de la révolte contre ses maîtres ?

— Oh, reprit Marthe, cela, je vous le concède. Il suffit qu'on les travestisse avec une capote bleue et un képi rouge pour qu'ils se proclament prêts au massacre de ceux-là mêmes qui, par les grèves ou la manifestation publique, réclament en faveur de leur sort...

— Voyons, reprit Cassénat, que voulez-vous faire avec ces troupeaux-là ? Les meneurs, des avocats roublards, les ont excités utilement à la révolution trois ou quatre fois. Qu'y a gagné le peuple ? A peu près rien, sinon la comédie du suffrage universel, qui sanctionne les pires abominations, et un mot vide : République... On l'a excité contre les fusillades de la Ricamarie, le souvenir du Deux-Décembre et la défaite de Sedan, pour lui servir sous un titre nouveau les exécutions de Satory, l'accident de Fourmies et le désastre du Panama... Et cependant le mot de République le satisfait...

— Et quand, avec le boulangisme, nous avons voulu l'affranchir, pour garder ce mot, il s'est remis plus sûrement au joug...

— De pauvres brutes! Karl. Vous fondez un phalanstère. Ça vous amuse! Soit!... Parions qu'avant six mois vous aurez la grève... Bien que vous consumiez à cette besogne la fortune de votre ascendance,... vos pensionnaires vous reprocheront de les voler.

— Ils me le reprochent déjà. Ils se syndiquent.

— Vous voyez... Laissez là le peuple, Karl de Cavanon; à moins que sa turpitude ne vous amuse... Mais ne croyez pas à sa noblesse, ni à son courage, ni à son désir de liberté... Si vous tenez à faire son bonheur, saoulez-le..., et il vous fêtera en vomissant. La popularité de ce gouvernement-ci date de la licence des cabarets.

— Certes, reprit Marthe Gresloup, je le répète constamment à Karl. Il empêche les travailleurs de s'enivrer. Il ne les gardera pas. Il veut qu'ils se lavent tous les jours et qu'ils portent des habits propres. Il ne les gardera pas. Il ne leur donne pas l'argent avec lequel ils satisferaient à leur aise la bestialité de leurs corps ; il les paye en vêtements, en nourriture saine, en logis salubres, en conférences instructives. Il ne les gardera pas... Sais-tu, Karl, qui tu auras dans tes ateliers ?... Les hommes, retour de bagne, qu'on ne veut recevoir en aucun droit...

— Je serai du moins utile à ceux-là...

— Jusqu'au jour où, s'étant refaits ici, ils te quitteront pour reprendre leur liberté de vivre sales, ivres et vagabonds, de donner à l'esprit le moins possible et à l'instinct le plus possible, d'imiter de leur mieux le porc qui grouille dans la saloperie de l'auge... Ah ! mon pauvre garçon !... Savez-vous combien ils étaient à sa dernière conférence ? Quarante sur dix-huit cents !... D'abord, ils venaient tous, croyant à des punitions, à une tyrannie vague, à une autorité. Maintenant, sûrs du contraire, ils passent le temps à... Non, j'aime mieux me taire devant Valentine !...

Marthe Gresloup s'arrêta net. Sa couperose, avivée par la colère, lui prêta un masque de sang. Elle ressemblait sous sa chevelure de neige à une figure des temps révolutionnaires, à une dame indignée de la sottise de l'échafaud.

Karl ne répliqua point, et son silence était comme un assentiment... Le pli de sa lèvre s'accusa davantage ; l'âge de sa face se précisait. Valentine devina une grosse souffrance qui sourdait en lui ;... elle eût voulu recueillir sa douleur et la bercer...

— Voyez-vous, Cavanon, conclut Cassénat, il faut s'en tenir à la grossière théorie des philosophes anglais, de Hobbes et de Darwin. Certes, notre fortune provient de conquêtes, de vols, de filouteries nombreuses... Mais quoi! cette mouche aussi qui se pose sur la fleur conquiert et dérobe, et, d'abord, cette fleur, ne la lui avons-nous pas dérobée en l'accaparant pour notre usage? N'allons-nous pas, demain, courir un lièvre que les chiens asservis presseront. Nous lui volerons la vie pour le plaisir d'une heure... Est-ce préférable au fait de laisser un ouvrier ivrogne périr de la phtisie des cardeurs, pour que nous jouissions de matelas moelleux?...

— Je crois, dit Valentine, qu'il ne faut pas chercher à être Dieu... Acceptons notre rôle de bêtes humaines... Le destin pousse le monde...

— Oui, mais quand Jacob eut entrevu Dieu, il lutta contre l'ange du Destin..., quoiqu'il le devinât invincible... Et Jacob ne fut pas terrassé...

Karl avait dit cela d'une voix tristement résolue :

— Mon pauvre enfant, tu l'as été, terrassé, une fois au moins, murmura Marthe.

— Oh ! ce phalanstère, quel sport ! dit Mme Cassénat.

— Et un sport coûteux, ajouta son mari.

Plus que les autres, Valentine ressentit la peine de Karl. Elle se rappela avoir souffert de même, à Anvers, en contemplant la descente de croix que peignit Rubens, et la douleur vivante de la Madeleine.

Le diseur de chimères ne parlait plus. La fatigue de vivre semblait encore alourdir sa face, étirer ses lèvres blanchies.

La jeune fille se rapprocha de ses parents.

— Comme il est malheureux, le baron ! gémit-elle tout bas.

— Je plains, déclara son père, la femme qui l'épouserait. D'ailleurs, j'espère que le mariage ne le tentera jamais... Bah ! il est capable de toutes les folies, même de celle-là.

— Vous pensez, père, qu'on souffrirait auprès de lui ?

— Comment ne pas souffrir, en voyant un esprit sincère ne courir que des chances de déception ? La vie, près de lui, serait un martyre à partager, un martyre, le sien, celui qu'il se crée à chaque heure. Aucune femme, aucun ami ne lui porteront jamais le bonheur.

Ce mot vibrait encore, et Valentine se surprit à se demander si une telle vie d'épouse lui serait tolérable. Elle se troubla, dit un prétexte pour s'arrêter. Les parents continuèrent le chemin.

Alors elle entendit, derrière, Karl rassurer sa tante.

— La satisfaction humaine, disait-il, ne consiste pas à combler le vœu de ses propres appétits, car l'on s'assure vite que rien n'y saurait parvenir. Seuls, les barbares et les enfants se récréent de leur chair. A mesure que les réalisations se succèdent, le désir s'émousse. La paresse de sentir nous accable. Notre âme perd le pouvoir de goûter intensément les bonheurs du corps et la gloire de nos vanités. Alors il nous faut chercher d'autres sources. Nous nous tournons vers le spectacle des harmonies. Nous frissonnons de l'émoi que procurent les arts.

Déjà le bonheur est hors de notre action. Puis les sensualités de la musique ou les symboles de la peinture ne nous suffisent plus parce qu'ils représentent seulement une apparence de la sensation.

Le besoin nous naît de voir cette sensation germer, grandir, atteindre son apogée, décroître. Nous voulons assister à la vie même de l'art.

La bonté est l'art à la portée de tous. Elle donne l'orgueil de créer et le pouvoir de sentir ce que notre âme affaiblie ne sait plus percevoir par elle-même. Ceux que nous obligeons deviennent comme des sens auxiliaires pour goûter les joies simples dont nos âmes vieilles ne sauraient se réjouir par elles-mêmes. Mais dans les autres nous en profitons. Il nous importerait peu de recevoir vingt francs ; mais quelle jolie satisfaction l'on a de contempler, en sa joie, un petit mendiant de dix ans à qui l'on offre, de manière inattendue, la pièce d'or ! Quelle féerie dans ses yeux, et quelle stupeur de félicité dans son geste et comme nous jouissons de son allure ! Il faut savoir être égoïste.

— Je crois bien, dit Valentine, qu'on ne peut acquérir une pareille science sans avoir beaucoup vécu.

— N'avez-vous pas remarqué, mademoiselle, comme les vieillards parlent ainsi que les enfants ; comme, dans les villages, parmi les âmes simples, les vieillards fraternisent avec les enfants ? Quand on a fait le tour du vice, on se reprend à chérir la vertu d'où l'on était parti d'abord, et l'on a seulement conscience de l'inutilité du voyage.

Valentine marchait contre lui. Autour, une sorte de clairière s'arrondissait. On eût dit de ces lieux circulaires que l'art des anciens jardiniers ménagea dans les parcs, autour des vasques. M. et Mme Cassénat se poursuivaient encore à travers le taillis. Ils passaient, clairs et vivaces, le long des colonnades d'arbres ; et, à mesure, le rire de la dame s'éloignait en montant à des notes hautes, plus nerveux, lointain.

Alors les phrases faciles de Cavanon peuplèrent le lieu de seigneurs galants et d'amoureuses illustres. Sa mémoire des musées lui servit. Il traduisait Watteau, Boucher, selon une certaine emphase et des allusions à la parité du sort présent avec celui des personnages fixés sur les toiles de renom.

Les voix éclatèrent plus près d'eux. Marthe Gresloup plaisantait.

Il semblait à la jeune fille que les pieds d'invisibles personnages frappaient en cadence la clairière pour une ronde langoureuse et vieillotte. Un ciel d'éventail se courbait par-dessus les cimes des sapins.

La tige qu'elle mordillait lui causait l'envie de boire. Les voix se turent. Dans la paix du bois, les ondes sonores du vent ridèrent l'espace, s'étendirent jusqu'à elle, jusqu'à sa chair. A un moment elle se retourna : une note l'effleurait.

Elle crut presque à un archet qui l'eût atteinte, à un frisson. Les yeux de Cavanon demeuraient fixés vers elle et pleins de scintillements.

Et, comme l'on tournait un pan du bois, les voix du chœur virginal s'entendirent, avec le souffle atténué des orgues...

> Nous aurons des lits pleins d'odeurs légères,
> Des divans profonds comme des tombeaux...

VI

Les cors qui, chaque jour, éployèrent leurs sonneries devant les forêts, et sur les plaines pour l'essaim des habits rouges à la poursuite des bêtes, ne détournèrent point Valentine de la commisération quasi religieuse demeurée en elle depuis ce jour.

Vive cependant, elle allait, chevauchant Melchior ou Gaspard, ou le noble Hérode, et contente de son corsage, de son col droit et de sa cravate virile. Elle buvait joyeusement l'air quand le galop la poussait, contre le vent, à la recherche des cors assourdis qui se plaignaient, derrière des pans de collines, du sanglier enfui. Les voix désespérées de la meute, hâtée par l'océan brun des labours, n'entraînèrent pas moins sa vaillance d'amazone. Elle luttait de vitesse avec les nuages bas, roulant à la cime des coteaux, et lourds de pluies imminentes. Mais, au retour des longues chasses, elle retrouvait la basilique haute, fine, noire et rose, toute hérissée de mâts de fête, et les moulins soufflant leurs tourbillons noirs, et les cris fous du fer, et les équipes d'ouvriers mousquetaires, et les chants des chœurs enfantins.

La pensée de Karl surgissait à chaque accident de la route, en chaque détail du pays. Elle embrassait la plaine verte et les chênes roux, les bouleaux d'argent, les sapins noirs et les roches brillantes. Partout le petit édifice de fer, de briques, de verre élevait sa coupole de céramique, ses deux mâts rouges, sa tour de cheminée à gueule d'hydre.

A travers champs, le bétail de métal

sifflait et roulait, les serres reflétaient le ciel, les théories d'ouvrières marchaient en se tenant la main, fières de leurs chansons et de leurs costumes.

Il n'était pas jusqu'au sol même, jusqu'à la moindre motte de terre qui ne portât la trace de sa bienfaisance. Nourri chimiquement par les procédés de la culture intensive, l'humus étalait une herbe énorme, épaisse et grasse, d'une verdure luxuriante. La vie se multipliait ferverment.

En soi, Valentine pressentait aussi une sorte de germination. Il se levait des espoirs vagues dans son esprit, des idées heureuses, alanguissantes, fleuries, un grand désir de douceur.

Autour d'elle, on ne parlait et n'agissait que dans un sens pareil. La vie forte de la campagne et des chasses semblait accroître encore l'amour réciproque de ses parents. Désintéressés des autres et du monde, ils marchaient à deux, sans inquiétude, naïvement, si charmés de se perdre sous les chemins couverts, de se murmurer du bonheur, pendant que leurs pas s'amollissaient dans les feuilles défuntes...

Instinctivement, ils excluaient leur fille de l'éternel duo. Et rien ne les détournait de se chérir, car ils n'avaient pas à craindre la moquerie des hôtes, qu'ils savaient séduits par la joliesse de leur groupe.

Désolée de cette indifférence, mais trop fière pour jouer l'intruse, Valentine se réfugia vers la sympathie de Marthe Gresloup.

La frondeuse était vraiment charmante, le soir surtout, quand elle résumait, sous la lampe, ses abondantes lectures du jour, si prête à prendre feu, à vilipender les hommes, les grands, le peuple, tous. Puis de rire ensuite bruyamment contre ses propres contradictions, au risque de faire voler la poudre de sa grosse chevelure.

Elle aimait tant Karl. De lui elle contait sans lassitude les prouesses enfantines et le scepticisme naïf qu'il avait affiché au sortir du collège, vers les seize ans. Tant de fois elle l'avait soumis à l'expérience des photographes, qu'on pouvait suivre dans l'album les transformations de sa nature, depuis l'heure où il apparaissait comme la tache blanche d'un gros poupon sur les genoux de sa mère jusqu'à celle où, lycéen, vêtu de l'uniforme, il ressemblait à un méchant assassin, bouffi par la geôle, révolté et sournois à cause des tracasseries de la surveillance pédagogique.

Souvent ces conversations du soir sur Karl finissaient par l'envie que manifestait la tante d'aller surprendre le diseur de chimères au milieu des ateliers ou de la salle des conférences, Valentine s'enchantait secrètement de ce désir. Elles s'enveloppaient de leurs mantes toutes deux et sortaient avec un domestique.

Les lunes électriques suspendues à la cime des mâts guidaient leur marche. Cette même lumière, incluse dans les usines, les transformait en monstrueuses lucioles dont les flancs de verre projetaient des nappes de lueurs radieuses, mystérieusement sidérales et vertes. Du haut des mâts, des lames de lumière encore s'abaissaient, tranchant l'ombre des sapins et révélant des parterres de géraniums, des corbeilles de chrysanthèmes, la surface des eaux dans une jolie vasque de terre cuite. La baguette du mage, vraiment, reparaissait pour affirmer instantanément sur la nuit la magnificence des couleurs et des formes.

Toutes deux se disaient dans les jardins d'Armide. Les orgues sonnaient un nocturne grave vers le sombre manteau céleste.

Valentine, à ces heures-là, se sentait moins physique. L'harmonie du travail chantait par la voix du métal. Entre les ombres indécises des choses, une âme d'active bonté semblait vivre sous les rayons des feux, majestueuse et douce comme l'apaisante clarté lunaire, une âme providentielle, savante...

Elles s'arrêtaient toujours devant la maison des mères ; car, à la nuit, des femmes arrivaient qui avaient marché depuis de longs jours sur les routes pour venir mettre au monde en ce lieu d'humanité.

On recevait là celles qu'alourdissait l'espoir d'une maternité prochaine ; et de toutes parts, des villes, des bourgs, les malheureuses, averties, apportaient la douleur de leurs corps.

Marthe aimait voir l'aise détendre peu

à peu les humbles visages des étrangères, que la pluie et la poussière des chemins avaient flétris, après l'instinct des hommes. Sous les longues tuniques blanches qu'on leur faisait revêtir, sous leurs pauvres cheveux peignés, les figures, plus fraîches, se laissaient sourire.

Les arrivantes s'étonnaient des baignoires, des jets d'eau chaude, des tulipes de verre dépoli aux pistils de lumière vive, des fresques où la chasse de Diane du Dominiquin était figurée avec les corps délicieux des petites nymphes et l'élan des levrettes.

La première nuitée sous les rideaux blancs du dortoir, les pas assourdis par le caoutchouc du parquet, le pitchpin verni des box, les émerveillaient encore d'un luxe inattendu. Leurs yeux semblaient dire la joie de la bonne halte après de durs voyages. Marthe prenait en ses mains leurs doigts informes et regardait longuement la pâleur des visages levés :

— Nous vous accueillons ici, disait-elle, pour que votre enfant naisse dans la paix. Ne pensez plus à rien de la vie qu'aux souvenirs agréables. Effacez tous les chagrins de votre mémoire. Vous resterez autant qu'il vous conviendra. Le lieu n'est pas déplaisant. Vous regarderez les tableaux des murailles pour penser à des êtres beaux, et, pour qu'il leur ressemble, celui dont vous nous apportez l'espoir. Jusqu'à ce qu'il soit sevré, on ne vous demandera aucun travail que celui de prendre garde au nourrisson. Après vous agirez selon votre cœur : ou bien vous resterez parmi nous et vous choisirez le métier qui vous peinera le moins ; ou bien vous partirez, nous laissant le petit ; nous l'élèverons de notre mieux, afin qu'il devienne un être libre et bon. Si vous croyez pouvoir lui préparer un meilleur avenir, vous l'emmènerez avec vous.

Ne vous tourmentez donc plus. Pour un temps, le malheur vous épargne.

Dans le vestibule, on retrouvait encore de nouvelles venues : celles-ci devant les soupes fumantes, celles-là aux mains des vieilles qui lavaient les pauvres chairs souillées. Il y avait des paysannes appesanties par la fatigue et tournant vers les choses leurs yeux de bêtes inquiètes ; des femmes des villes aux paupières fripées, aux faces de cire creuse, mais dont les robes minables arboraient une sorte d'élégance. A demi couchées sur les banquettes, quelques-unes pleuraient, d'autres défaisaient les nœuds des serges où elles avaient plié des hardes.

— Ah ! l'amour ! murmurait Marthe, l'amour ! c'est ici l'épilogue des idylles et du drame, les mêmes, les mêmes toujours, les mêmes banalement ! Et d'autres vont naître pour répéter la même douleur à leur tour... Ah ! si toute la machine universelle tournait sans raison, sans autre raison que celles prévues par notre science ou notre foi... Quel jeu dérisoire !...

— Madame, ça fait mal de penser, répondait Valentine.

Un soir, elles surprirent ainsi Karl de Cavanon au milieu de l'école vide. Il traçait au tableau un modèle d'écriture pour les petits enfants :

Le culte de la douleur rend l'homme fort, car il lui enseigne que la douleur n'est pas. Il faut apprendre à souffrir pour ne plus connaître la souffrance !...

Le culte du bonheur rend l'homme faible, car il lui enseigne que le bonheur n'est pas. Il faut apprendre à jouir pour ne plus connaître la joie.

Il se croyait seul ; il étendit les mains devant la double sentence, battit l'air de ses bras et partit d'un grand rire. Elles s'effrayèrent.

Les ayant vues, il les rassurait par la

douceur de ses paroles. Il avoua qu'il aimait surtout les enfants de ce petit peuple. Parmi eux, il créerait des prophètes. Il savait déjà prévoir des intelligences apostoliques. Dans sa vieillesse, ils les lancerait sur le monde pour offrir la science nouvelle aux foules.

— Car nous autres, nous autres, nous sommes encore trop futurs peut-être, comme dit votre père, Valentine, trop futurs... Le siècle se lève entier contre nous, et le temps se dérobe sous notre effort. L'aube de l'avenir social luira pour les petits enfants d'aujourd'hui. Ne négligeons pas les enfants. Nous ne sommes que la semence. Ils deviendront la tige, la fleur, le fruit... Car tout ceci, je le crains, est bien fragile.

Son geste enveloppa son œuvre même, les édifices lumineux, les clartés suspendues dans la nuit, les flèches électriques qui tournaient au haut des mâts pour révéler dans leurs rayons les parcs, les sapins et les vasques...

Un silence suivit. Saisie d'une attention extrême, Valentine l'examina. La beauté des choses nocturnes pénétrait le corps du diseur de chimères. La forte brise, entrant par la fenêtre ouverte, souffla dans la courte moustache troussée et découvrit le demi-sourire des lèvres offertes au jeu des lumières artificielles.

Ce fut, pour Valentine, un tressaillement soudain : des choses se crispèrent en elle douloureusement ; son cœur battit ; ses mains devinrent humides ; elle eut la sensation de larmes accourues sous les paupières... et se détourna.

Plus tard, dans sa chambre, elle osa tout se confier :

— Je l'aime !... je l'aime !... c'est ça... c'est ça... je suis sûre !

Elle s'expliqua mille choses jusqu'alors indifférentes et tant de chapitres ennuyeux des livres. « Je l'aime ! » Comme si l'effort de son être, la crispation douloureuse, devait aboutir à la reconnaissance de cette unique vérité, une détente heureuse succéda.

D'abord, elle persista dans cette félicité. Décidément, elle se jugeait femme. Son « moi » s'était accru. Et elle se laissa prendre par un attendrissement extrême sur la gentillesse de son adolescence, à cette heure, finie. Ni Melchior, ni le noble Hérode, ni le Devoir, ne garderaient plus ses affections exclusives.

Comme de très loin, dans une autre époque, elle se revoyait enlevant le mail au trot allongé des quatre steppers, par le ruban clair des routes. Était-elle ravissante ainsi, masculine et décidée, sous le paletot-sac de drap pâle, la figure ceinte de son gros voile en gaze d'argent !

Maintenant, il lui venait en foule des

désirs coquets, des projets de robes fraîches.

Au panneau de la chambre, un tableau rappelait la sortie de l'Opéra, un couple de luxe descendant les marches avec une élégante solennité. Les colonnes de l'édifice, se dressant derrière la jeune femme, opposaient la splendeur froide de leurs marbres à l'arrangement coloré du costume ; plus haut, les flammes intérieures des lustres incendiaient les vitrages par reflets d'or rose.

Bien des heures, Valentine aima cette fine peinture symbolisant une minute d'amour magnifique.

Ainsi elle irait, par les girandoles de la vie, au bras de quelqu'un l'aimant.

Alors, pour la première fois, elle se posa la question : Karl l'aimait-il ?

Jusqu'alors, elle ne doutait point que l'homme élu par sa faveur s'enchanterait de la décision.

L'image de Maria Pia intervint cependant.

Elle la revit sur la scène, avec ce sourire cruel et ces yeux forts, et les volutes admirables des gestes développés. Le don de phrases musicales que le rôle d'Ophélie prêtait à cette image vibra de nouveau pour la mémoire de l'enfant.

Bien des heures, certainement, Karl les consumait avec l'ardent souvenir de Maria Pia.

Valentine songeait à suivre l'avis de sa mère. Elle s'interposerait entre l'image de la disparue et la mémoire du pleureur. Et le triomphe de le reconquérir sur le passé lui vaudrait un bonheur constant. Comme elle eût voulu détourner sur elle la passion dont vivait cette douleur virile.

Mais les expériences qu'elle tenta durant tout un jour, pour mettre en son pouvoir l'attention de Karl ne réussirent pas autant qu'elle l'eût espéré.

Il se montra très avide de causer avec

elle, de l'interroger sur les habitudes de son esprit. Seulement, Valentine acquit la certitude qu'il la recherchait plus pour satisfaire un goût d'investigation que pour la faire sienne et sœur.

Il fallut alors qu'elle se demandât si sa vertu suffirait à vaincre la puissance occulte de Maria Pia, une beauté illustre, une science de parer la vie par des allures et des conversations rares inconnues à la jeune fille.

En ces choses, elle conçut bien son infériorité réelle. Cependant, elle se flatta d'une facilité dans l'œuvre de substituer à ces magies le charme de son âme neuve, et l'attraction d'une confiante, d'une simple, d'une candide sympathie.

Au scepticisme superficiel qu'elle prêtait à la courtisane, elle opposerait son désir visible de connaître l'esprit aimé, afin de mettre un baume de douceur sur chacune des plaies anciennes.

Puis, songeant combien ses allures s'écartaient du type inclus aux formes parfaites de Maria Pia, le découragement reprit l'amoureuse. Atteindrait-elle jamais cette apparence de sainte perverse apprise dans les tableaux des vieux maîtres italiens, ancêtres directs de la rivale. Une telle réflexion la ramena vers ses jugements premiers. Karl de Cavanon n'aimait que la bassesse de la chair, la beauté extérieure, la parade du vice. Il compterait pour rien la saine force d'un cœur pur.

En un instant, elle récupéra toute la sagesse de son éducation. Karl de Cavanon s'était avili jusqu'à aimer cette fille sans naissance ni honneur.

Conviendrait-il de s'abaisser parmi tant de souillures ? Non. Valentine se dressa dans la chambre, résolue, maîtresse de soi. Elle n'humilierait pas sa volonté !

Ses yeux se reportèrent sur le tableau de genre, et la sensation du bonheur prévu s'évoqua pour la deuxième fois.

Aussitôt elle éprouvait cette crispation intérieure dont elle avait souffert en regardant le rêveur. Les mêmes larmes gagnèrent ses yeux, les brûlèrent. L'angoisse d'un sanglot l'étrangla.

Quoi donc? Ne surmonterait-elle pas le sentiment amoureux? Demeurerait-elle asservie à cette émotion d'un soir? La bassesse de cet homme, reconnue, ne rayait pas du cœur l'influence imprimée par quelque rhétorique.

Son orgueil se cabra. Solliciterait-elle la place laissée par la créature?... « Non, non!... dit-elle tout haut. Non!... »

En même temps, elle s'affaissa, elle étreignit nerveusement sa tête dans ses mains, prise d'horreur pour elle-même.

Elle se retrouva contre la fenêtre. Au

loin ondoyait le mouvement de la nuit, imprécise, vague et geignante.

« Ça passera, pensait-elle. Je ne puis aimer, moi, un homme vil. »

Et puis, la passion se personnifia, tenace. Valentine se comprit une petite fille sans vigueur devant le mystère des attractions universelles. N'allait-elle pas vers Karl comme les comètes vers le centre de leurs orbites.

Elle se sentit dans une étreinte dont sa propre force ne la délierait point. Elle souhaita la mort de Cavanon...

Pendant toute une semaine, elle l'évitait, ainsi qu'une occasion de crime. Elle se dérobait aux conversations directes. Elle fréquenta l'église. Le confesseur la reprit sur son scrupule et lui donna l'absolution. Elle en conçut de l'étonnement et blâma l'indulgence du prêtre. Auprès de sa mère, elle dénigrait les rêves du bateleur.

Un matin, à l'infirmerie, près du fauteuil d'Émile, ils se retrouvèrent seuls, elle et lui.

Le garde-chasse achevait sa convalescence dans une chambre de chêne lisse... la baie de verre, montant du plancher au plafond, le pays s'infléchissait sous la course sombre des nuages. L'homme regardait la route.

Dans sa main il tenait un chèque donné par Valentine. Le ruban clair du chemin tranchait les bois, les champs, se courbait autour d'une colline rocheuse, s'affinait vers la côte, couronnée de nues violettes, menait par delà. L'homme ne cessait de la voir.

Alors, Valentine et Karl se regardèrent. Il laissa sa bouche se plisser pour un sourire d'ironie et de souffrance. Il demanda :

— Vous voulez partir, Emile ?

— Oh ! oui... Ma jambe est bonne, je partirai tout à l'heure...

— Et où irez-vous ?

— A la ville, devant moi, donc... là où l'on boit du vin à son aise et où l'on chante des gaudrioles... Moi, voyez-vous, je m'embête trop ici... ça m'embête... Il faut être toujours à l'œil, se laver par-ci, s'habiller par-là, ne pas boire à sa soif... Ça ne me va pas... J'aime pas les autres, qui ne savent pas rire un brin... qui ne se pochardent jamais... Moi, je suis pour la liberté... On n'est pas malheureux ici, je dis pas... mais je suis pour la liberté... Et puis, on me méprise ici... on me parle comme à un enfant... J'aime mieux travailler plus dur sous un patron plus dur... mais qu'on me traite comme un homme, quoi... avec des « bon Dieu » et du pétard... Ça ne me va pas, votre boîte, patron... Je vous le dis franchement... ça ne me va pas... Et, puisque je me suis cassé une guibolle et que mademoiselle me donne pour ça mille balles... maintenant que voilà la guibolle raccommodée... bonsoir, je vous salue, hein...

Émile se leva. Il affecta un grand salut, prit la porte en clopinant, la referma...

Valentine n'osait pas lever les yeux vers le diseur de chimères.

Lui s'approcha de la vitre, et ils restèrent silencieux. Elle le vit rafraîchir son front contre le verre. Des frissons nerveux secouaient son dos dans le veston. Il tambourina doucement avec la pointe de ses ongles contre la surface translucide...

Bientôt ils aperçurent le voyageur. Entouré de travailleurs et de femmes, l'homme disait sa fortune en montrant l'horizon. On lui serrait les mains. Des filles l'embrassèrent. Enfin, il agita son chapeau et partit...

Tant qu'on put le voir sur la route, les compagnes et les compagnons le suivirent du regard, des gestes. De la chambre, Valentine et Karl comprirent qu'il criait encore : « Vive la liberté ! » Le groupe répondit par le même cri répété. Les chapeaux furent lancés en l'air ; les femmes agitaient les mains...

Karl quitta la vitre et dit :

— Par votre argent, Valentine, vous faites bien du mal à cet homme, à ces gens, à moi-même. Mais vous ne saviez pas...

En bas, la rumeur du groupe s'exaltait. Une voix de femme entonna la *Marseillaise*... Puis il y eut un bruit de discussion, le chant rompu. Tout le bruit s'effaça dans le halètement des machines.

Le diseur de chimères tenait les yeux fixés au sol, et son menton appuyé sur ses mains jointes.

Les espoirs s'effondrèrent en lui ; c'était la ruine de toute cette vie seconde où il avait tenté de ressaisir son âme enfuie vers les prestiges de Maria Pia.

Valentine alors sentit l'angoisse serrer sa gorge et les pleurs lui venir, car elle en était la cause.

— Oh ! fit-elle, je vous demande pardon...

— Que faire ? Vous ne savez pas et ils ne savent pas...

Sans rien ajouter, il descendit, maître de son demi-sourire étiré douloureusement parmi sa barbe courte.

Elle resta encore un peu dans la chambre où le pauvre avait souffert par sa faute, où l'apôtre avait souffert par sa faute.

« Certes, pensa-t-elle, je lui semble méchante, et pourtant je voudrais qu'il m'aimât... qu'il m'aimât malgré moi, qu'il m'emportât, malgré moi, dans sa vie... »

Revenue aux appartements du château,

elle ne s'évada point de cette idée. Ni les promenades avec Melchior, ni la chasse à la bécasse, malgré qu'elle en eût tué le plus, ni le triomphe qu'on lui fit, le soir, au dessert, la coupe en main, pour son adresse, ne la détournèrent de l'obsédant désir.

En un jour l'intensité du trouble ancien l'avait reprise.

Une forte haine la tenait à l'égard de ce peuple ingrat ; car elle prévoyait bien que ces vices mêmes lui attacheraient davantage Karl de Cavanon. Ainsi les défauts de Maria Pia l'avaient soumis. « Il n'aime que pour la douleur qu'on lui peut donner, pensa-t-elle. Il n'aime que la douleur ; il ne recherche en tout que la douleur... Mais saurais-je lui offrir assez de douleur ?... »

Valentine n'accepta plus d'illusion. Cette haine du peuple n'était autre chose que la jalousie, la jalousie brutale. Elle eût tant désiré qu'elles fussent pour elle, les paroles avec lesquelles Karl vantait son espoir de rendre la plèbe heureuse !...

Ses mains tremblèrent encore; ses yeux se mouillèrent; une chose souffrante, en elle, se crispa.

Deux jours plus tard, elle pensa lui écrire. Mais sa pudeur se révoltait. Elle craignit qu'il ne prît la chose en jouant et ne plaisantât. Elle s'indignait ensuite qu'il n'eût rien deviné d'elle, ni son trouble, ni même son affection. Il la traitait plutôt comme une demoiselle espiègle, fûtée, adversaire, un peu méchante. Elle avait d'ailleurs tant de mal à dissimuler sa faiblesse, que son effort pour y réussir dépassait le but.

Tant pis! Elle irait à lui, elle l'obligerait à comprendre, et, malgré les convenances, elle ne feindrait plus la froideur.

Cette résolution prise lui ôta une part

de son ennui, et tout de suite elle remit au lendemain l'aveu qu'elle avait d'abord prétendu faire le jour même. Sa tristesse se dissipa. Elle revêtit son amazone. Elle la revêtit, calme et ferme, décidée à se laisser choir au gouffre de cette passion insensée. Sa mémoire lui servit des portraits d'amoureuses classiques, celui surtout de la Bérénice. Et elle se récita des vers. Puis la honte d'un tel ridicule l'effaroucha, et elle se laissa sourire de la Bérénice qu'elle était dans le miroir, avec le melon anglais surmontant sa figure mince, ses yeux quelconques, son petit nez définitif... Elle cacha sa rougeur sous un voile bleu.

Sortie de la chambre, elle allait par le large corridor blanc... Toutes les portes étaient ouvertes... Les cavaliers devaient être en selle déjà. Elle se hâta sur la pointe du pied, légère... et voici qu'elle aperçut Karl dans une chambre garnie de livres, de tableaux, de lampes, de divans, d'armes...

Le menton dans ses mains, il regardait éperdument une Ophélie peinte sur une haute toile étroite, une Ophélie aux yeux savants, au rire pervers, et qui effeuillait des fleurs glauques ou blanches.

Karl de Cavanon n'avait rien entendu. Il restait l'œil fixe, le corps vautré sur un divan, et s'acharnant à mordre le mouchoir que griffaient ses doigts... Oh! certes, lui aussi ressentait la terrible crispation intérieure. Valentine le devina bien aussi aux sourcils froncés, aux yeux secs et ternes. Maria Pia le tenait sous sa forte image d'Ophélie perverse... Et il l'avait là, toujours, devant son regard, fixée au mur, le plus près de la table à lire.

Cependant Valentine put se ressaisir, malgré la défaillance de son cœur; cependant elle put ne pas gémir un peu sous l'étreinte du désespoir ; elle put avancer encore et crier sur un ton de joie :

— Terre-Neuve, terre-neuve, on va partir sans vous !

VII

Ayant perdu la chasse, Valentine arrivait première au rendez-vous prescrit par le maître d'équipage.

C'était une masure agréable contre laquelle se tordait un cep de vigne, et qu'habillait un lierre rouge. Dans le jardin un vieil homme bêchait.

L'amazone l'interpella :

— Avez-vous entendu les cors ?

— Non, mademoiselle; mais les chiens ; ils viennent de passer par là-bas, le bosquet... Ça va donc pas, aujourd'hui ?... Quoi que vous chassez ?... Un chevreuil ?

— Les chiens n'ont pas de nez... La terre gèle... Ils prennent le change, à tout instant... Et je crois qu'on renonce. On doit se retrouver ici... Est-ce vous Horace ?

— Oui, mademoiselle... Entrez près du poêle... Je vais mettre votre cheval à l'étable... Il pourrait bien attraper le mal...

Le noble Hérode frissonnait un peu sur ses fines jambes ; et son œil inquiétait...

— J'ai peur de la fièvre, dit Valentine. Il a été si méchant, ce matin ! Il a fallu le fatiguer avec du galop. Maintenant peut-être va-t-il prendre froid ?... Si on avait un seau de vin à faire bouillir...

— Je l'ai ben, je l'ai ben... ici...

— Vous avez une pièce de vin ?

— Regardez voir mon enseigne...

Valentine s'aperçut alors que la masure arborait au-dessus de la porte un panneau de bois brun où des lettres jaunes signifiaient : *Horace, aubergiste.*

— Tiens! dit-elle, je croyais que ces terres-ci appartenaient à M. de Cavanon...

— A ce fou-là?... Ben oui... mais j'ai pas voulu lui céder mon coin... Il ne l'aura point...

Le rustre regardait en dessous, malicieusement. Le labour avait cassé son échine. Sa tête enfouie dans une grosse touffe de poil gris se couronnait d'une casquette de fourrure. Valentine le jugea terrible.

Courbé en deux, il allait par la petite pièce servant de cabaret, fureteur entre les tables et les bancs, sous le comptoir de bois peint, près de l'étagère aux bouteilles fleuries d'étiquettes multicolores. Le feu ronflait dans le poêle... Il trouva un seau, descendit à la cave, remonta, éteignit la chandelle, en grommelant...

— Mais il n'est pas pur, votre vin,

voyons ! remarqua Valentine, qui goûtait son doigt trempé dans le liquide. C'est de l'abondance que vous prétendez offrir à mon cheval...

Elle le contraignit à ne la point voler ; et ce fut long, fort difficile. Tenace, amusée aussi de la lutte, elle sut y réussir... Bientôt le vin chantonna sur le feu... Et durant la cuisson, elle fit parler l'homme...

— Vous n'aimez pas M. de Cavanon...

— Oh si ! c'est un toqué...

Et il rit méprisamment.

— Il fait beaucoup de bien dans le pays.

— Ouiche ! un toqué, un malin !... il ne paye seulement pas ses ouvriers... Pensez s'il en met dans sa poche, de l'argent... Et puis il attire ici des fainéants, des bons à rien... Il a chassé tous ceux qui avaient de quoi, les honnêtes gens... Il les a chassés. Il n'y a plus que des voyous dans le pays, des voleurs, des partageux.

— Pourquoi ne partez-vous pas alors, puisqu'il veut acheter votre maison.

— Je suis t'y pas chez nous, ici ?... Et puis, quoi, un jour il m'offrira bien plus cher encore pour partir... Je vas être le seul cabaret du pays... Le soir y viennent tous boire ici... même que si je trouve à emprunter chez le notaire, je vas faire construire un hangar où qu'on aura bien chaud... et j'en gagnerai, de l'argent.

— Mais puisque les ouvriers du phalanstère n'ont pas d'argent.

— J'achèterai leurs défroques donc, je leur en donnerai de l'argent, mé, contre leurs beaux habits... C'est y pas un malheur d'habiller des hommes comme ça pour le travail ! c'est y pas jeter de l'argent aux moineaux ?

Un gaillard entra. Il était vêtu du complet de velours brun que les travailleurs de la cité communiste recevaient de l'économat. Ses fortes jambes maintenues dans de hautes guêtres, son feutre à larges bords, sa veste boutonnée et sa chemise de flanelle rouge lui prêtaient l'allure accorte d'une sorte de reître...

— Te v'là, mon fils !

— Oui, le père... Mademoiselle.

— Tenez, en v'là un qui n'est pas trop content non plus. On lui donne cinquante choses, de la viande deux fois par jour, et des ci et des ça... Il peut seulement pas travailler plus de six heures pour se faire un bénéfice... Avec ce système-là, on mange tout en herbe ; et jamais le pauvre monde ne pourra sortir de sa condition... On peut pas faire d'économie ; on peut pas boire quand on a soif, hein, Jeannot ? Ça te botte ça ?

— Pas fort, non ; pas fort.

— Pourquoi restez-vous au phalanstère, alors ?

— Oh ! je partirais bien pour travailler en ville. Mais il faut que je rejoigne le régiment dans huit jours. Je vais aux dragons, à Givet.

— En ville, y gagnerait trois francs ; y travaillerait onze heures. Mais y serait libre de boire à sa soif et de mettre un magot à la caisse d'épargne ; pas vrai, Jeannot ?

— Au phalanstère, dit encore Valentine, on épargne pour lui ; il y a une caisse de retraites.

— A condition qu'on y reste... pas ? Ben non ; c'est trop ennuyant. Tenez, le père, v'là le raisin.

Le gaillard dépliait son mouchoir ; il tira une énorme grappe que le vieux mit dans une armoire avec d'autres.

— Je vais en ville demain, fit-il ; il en a ben pour deux francs.

— Vous revendez le raisin qu'on vous donne, vous savez que c'est défendu.

— Ous qu'elle est, la loi qui défend de revendre ce qu'on gagne ?

Le vin allait bouillir. Valentine le fit remarquer pour que la conversation changeât. Le vieux empoigna le chaudron et marcha vers l'étable. Elle le suivait, pensant à la haine que Karl suscitait dans les âmes frustes. Cet Horace! Fallait-il que ce rustre détestât pour ne point tenir sa langue et pour secouer devant la visiteuse l'hypocrisie habituelle aux paysans lorsqu'ils s'adressent à des riches ou à ceux qui détiennent le pouvoir. Lui ne gardait plus aucune forme. Il accumula des menaces vagues. Mais soudain il se reprit, devint cauteleux, plein d'attention pour le noble Hérode qui s'ébrouait.

— Voyez-vous, mademoiselle, on peut pas dire que c'est un méchant homme, M. de Cavanon ; mais c'est un toqué, quoi, un toqué...

Les cors appelèrent au détour d'un pan

de colline. Une voix de chien saillit, puis celle de toute la meute. Les piqueurs approchaient.

Valentine sentit la crispation amoureuse. Karl allait-il paraître? Depuis la venue au château, elle espérait une rencontre au bois avec lui seul. Cela eût facilité l'aveu. Vingt fois déjà ses plans avaient failli. Ce jour encore, elle se voyait première au rendez-vous de chasse, dans l'attente de Karl arrivant second et seul. Mais les cors s'éloignaient, les voix de la meute s'exaspérèrent. Un lancer avait lieu. On sonnait au renard, et dans une trombe de sons tumultueux, la chasse gagna l'horizon, s'atténua, se tut.

Le noble Hérode ne pouvait fournir la traite. Valentine demeura. Mais elle laissa les aubergistes à leurs affaires. Le vieux retourna dans le jardin. Le gaillard prit une bêche et le rejoignit.

Valentine s'assit près du poêle. Une bise bruyante soufflait par les fentes de la toiture. Regardant ce feu rouge, la jeune fille tentait d'y lire un conseil.

« Jamais tu ne te décideras, se disait-elle... Jamais ! Si je contais tout à ma mère ou à mon père... C'est drôle, je les aime beaucoup. Mais en ceci, ils me semblent des étrangers envers qui les convenances défendent une telle franchise. J'appréhende aussi qu'ils ne m'emmènent vite de ces lieux par crainte de me voir épouser ce fou. Car j'aime un bateleur, un homme qui parle devant la vie comme devant un décor de baraque.

« J'aime un bateleur, un bateleur, le galant berné de la Maria Pia. Valentine, tu aimes un prince de tréteaux, ma petite Valentine, et te voilà compromise dans une passion foraine !

« Mais que faire ? Je me sens défaillir parfois, quand il monte à la bibliothèque où reste exposée l'Ophélie du grand tableau étroit. Je crois défaillir.

« Père m'oblige à prendre des ferrugineux. Le docteur recommande des viandes saignantes. On s'inquiète. Me laisserai-je aller vers l'agonie?

« Cette crispation qui tord les entrailles et le cœur me tue, me tue sûrement, et c'est vingt fois par jour une lame froide qui m'exécute.

« Voyons, Valentine, il faut le lui dire. Il t'épousera. Ta fortune... Sa solitude... Il doit s'ennuyer sans amoureuse, lui qui en eut tant au service de son cœur.

« Je ne suis pas si laide. Il m'épousera. Il faut lui dire. Par bonté du moins, il m'épousera.

« Et puis peut-être m'aime-t-il? Seulement je m'arrange toujours pour lui paraître méchante. Quelle drôle d'histoire tout de même! Avant de le voir, je suis résolue à lui déclarer nettement : « Karl, épousez-moi pour que je ne me désespère plus. » Dès qu'il vient, mes paroles, mes gestes, mes attitudes se concertent, malgré la volonté, pour lui ravir l'illusion de s'imaginer qu'il m'impressionne. Pourquoi suis-je ainsi, pourquoi ?

« Je sais bien. Il me semble avilissant de lui faire comprendre. Mon orgueil mondain, toute ma fierté m'étreignent et me gardent ; et je suis dans les liens des convenances, comme dans les murs d'une prison solide. Jamais, jamais mes lèvres ne pourront dire, ni mes yeux signifier, ni mes mains avertir.

« Et la peur de l'opinion qu'il prendrait de moi ! Ça surtout, surtout. Si je lui découvrais ma passion, même avec prudence, il m'estimerait mal sans doute. Il me croirait pareille à l'autre, celle des tréteaux ; et il ne m'aimerait que pareillement. Et ça je ne veux point, je ne veux point. Il faut qu'il éprouve un sentiment nouveau pour mon âme nouvelle.

« Voyons, un moyen, un moyen cependant de lui faire reconnaître une avance?

« Si je me décidais à faire teindre mes cheveux de henné. Naguère il prétendit à table que je devais apparaître avec une robe de soie blanche très montante et plate comme un fourreau ; pour ressembler à une petite princesse byzantine accoudée sur les créneaux de la plus haute tour, celle où vit enchaîné le vieux mage sarrasin : lui! Il assura que ça me vaudrait une allure de fillette impériale et cruelle, la mienne propre.

« Eh bien! Valentine, il faut rougir tes cheveux avec du henné, il faut tailler une robe plate dans ce brocart blanc que je garde. Un jour je descendrai revêtue de ce costume. »

Valentine échafaudait un rêve d'opéra sur ce projet. Certainement Karl reconnaîtrait tout de suite l'intention de plaire. Il se précipiterait sur les mains de l'amante pour obtenir le pardon de l'avoir méconnue.

Le brasier continuait à rougir la fonte du poêle. Longtemps encore la jeune fille regarda, sans la voir, l'étincelante lueur du trou à tisonner. Elle se croyait sûre de parcourir un chemin de victoire.

Soudain le cor sonna, tout proche, isolément. Aucune voix de chien ne répondit. Mais, de très loin, d'autres fanfares s'exhalèrent. Valentine se leva, prise encore par l'émotion. Serait-ce lui? Seul? Elle se rassurait aussitôt. Une telle chance ne lui voudrait jamais échoir. Elle cessa de palpiter.

Maintenant le cor développait le thème entier de la retraite. Et sur les finales il y eut des alanguissements modulés, très plaintifs, d'une grande tristesse. Au loin les cors et la meute accentuèrent, tel un chœur en sourdine, le désespoir des sons mourants.

Valentine ouvrit la porte.

C'était lui, en noble silhouette sur le cheval arrêté. Il ne la vit pas. Il avait le poing à la hanche.

Par la tête un peu penchée, écouteuse, joliment teintée des reflets écarlates de l'habit de chasse, par les frisures brunâtres de la fine barbe pointue, par les cheveux plats collés sous la casquette souple et basse de velours vert, il parut à Valentine l'un de ces capitaines espagnols représentés aux tableaux de la vieille Hollande.

En une seconde elle imagina le roman d'être enlevée sur la croupe du hunter, de galoper ainsi pendue à la taille du cavalier, dans l'ombre des routes et vers l'auberge où les marierait un mystérieux franciscain, pendant que dehors l'escorte riposterait à des arquebusades.

Karl de Cavanon tâchait encore de saisir les vibrations suprêmes de l'air ému par les sons. Enfin il redressa la tête, regarda le dessin de la plaine, l'ondulation des bois et, s'étant retourné, il aperçut Valentine l'examinant.

— Tiens, vous voilà rendue ici, déjà !

Elle expliqua vite l'exploit du noble Hérode. Et, par une subite inspiration, elle le pria de prêter le hunter au fils d'Horace afin qu'il allât quérir Melchior ou Gaspard, dit « le Devoir », au château. Ainsi elle retournerait plus majestueusement.

Les choses s'arrangèrent de la sorte. Karl et Valentine se trouvèrent seuls. A cause de la fatigue, les autres veneurs avaient repris la grande route, et cela les forçait à décrire une courbe assez vaste.

Valentine l'emmena tout de suite à l'écart. Elle prétexta l'urgence de conter la haine que les Horaces avaient laissé paraître contre lui. Pourquoi donnait-il sa vie, son courage au peuple bête et vil ?

Elle s'anima, insinuant que le grand désir d'affection propre au jeune homme trouverait des cœurs individuels plus chauds et munis d'une intelligence meilleure.

— Déjà je l'ai tenté, dit-il, et pour exciter autant de trahisons. Cette fois mon erreur sera moins inutile.

— Vous cherchez à être dieu. Les âmes viles ne comprendront point la grandeur de votre dévouement ni celle de votre amour. La populace de Jérusalem ne reconnut pas la sainteté du Christ.

— Le Christ n'ambitionnait pas la gratitude ; moi non plus.

— Le Christ a souffert la passion.

— Je la souffre.

— L'étrange chose ! Vous aimez seulement ceux qui vous apportent de la douleur.

— Il y a, mademoiselle, plusieurs étapes dans l'amour. Ecoutez mon opinion, elle pourra servir à votre mariage. On aime d'abord les êtres pour les qualités qu'on leur prête, et c'est du sentiment ; ensuite pour les satisfactions qu'ils vous procurent, et c'est la plus basse chose, le vice. Enfin, après ces deux périodes, on atteint la passion véritable le jour où l'on s'aperçoit qu'on aime une créature pour ses imperfections graves. On institue le rêve fou de la racheter. On conçoit la sublimité bête de travestir l'ignominie en vertu. Ce jour-là seulement on aime et ce jour-là seulement on connaît Judas et le Calvaire ; ce jour-là, on joue le drame inutile, le mystère de la rédemption, le drame toujours inutile, le mystère de la rédemption.

— Maria Pia.

Valentine murmura ce nom, les yeux vers la terre.

Il ne dit rien. Il regardait le firmament immuablement blanc où croassait une bande de corbeaux.

Comme l'air était piquant, ils marchaient. Ni l'un ni l'autre n'osa proposer une halte dans l'auberge d'Horace à cause de l'intimité que cela eût mise entre eux.

Une vive lumière éclaira l'esprit souffrant de Valentine. Elle se rappelait les trois étapes de sa propre passion, comme elle avait chéri Karl, d'abord pour la vertu d'altruisme qu'elle lui attribuait, ensuite pour les sensations singulières qu'il avait values à sa chair troublée, enfin pour les défauts de l'abominable bateleur pérorant à tous les échos, criant sa misère tragique au monde, excitant par ses allures étudiées le trémolo des âmes spectatrices.

Certes, elle l'aimait surtout pour ce vice dont elle l'eût voulu racheter ; certes, elle méditait, elle aussi, inconsciemment, le mystère de la rédemption, le drame inutile et douloureux de la rédemption... Et voilà comment elle parvenait à la troisième étape de la folie passionnelle, elle, le cœur pur, qui jusqu'alors avait passé, sans même une minute curieuse, par-dessus la honte charnelle des existences.

« Vos défauts me plaisent... » Cette phrase se forma dans l'esprit de la jeune fille. Ses lèvres firent le signe de la dire. Valentine eût tant voulu la dire! N'était-ce pas le plus ingénieux moyen d'avouer, et dans une telle minute d'émotion mutuelle où tous deux demeuraient si palpitants, lui de sa douleur ancienne, elle de sa présente angoisse...

Elle la prononcerait cette phrase, et la vie s'illuminerait de nouveau. Certainement, elle la prononcerait!

Valentine se saluait, pleine de joie. Enfin, elle tenait l'occasion du bonheur!

Devant, c'était la route, étendue à travers les terres brunes et sillonnées, la route où bientôt surgirait la chevauchée des veneurs, dont elle entendit le trot retentir. Encore quelques secondes, et sa félicité allait recevoir un mode de détermination... Elle attendra donc que les chasseurs soient en vue, et sa confusion, la phrase dite, disparaîtra dans un brusque élan vers eux, une bravade de gaieté envers ses parents ou une plaisanterie à l'adresse de Marthe Gresloup qui suit la chasse en buggy.

Valentine regarde Karl. Il marche, portant aux lèvres son vague sourire d'ironie, et, avec sa courte canne de cheval, il casse des branchettes d'arbrisseaux.

Valentine va dire, doucement, comme ça, sans le regarder (il comprendra mieux à cause de l'air de confusion) : « Vos défauts me plaisent... Vos grands défauts, je les aime !... »

Elle le pourrait immédiatement. Non, il vaut mieux que, la chose dite, il ait, par-devant lui, tout le soir et toute la nuit pour réfléchir.

Elle attendra donc. Voici le chef des piqueurs montant le gris pommelé, et la meute entière qui tire la langue, et le maître d'équipage, et le brigadier-garde, dont la face militaire se renfrogne sous la haute casquette à côtes de melon. Quatre lièvres pendent à son arçon.

Déjà, il la salue du regard... Quand il aura dépassé le morceau de brique au milieu de la route, Valentine promulguera la phrase définitive...

Maintenant, elle le pourrait sans aucun péril. Elle n'aurait ensuite qu'à courir au-devant des chiens, qui jappent, l'ayant reconnue. Oui...

Et malgré tout, une force réelle et personnifiable se démène en elle afin qu'elle ne parle pas. Valentine a peur de la rougeur qui la prendra, du jugement qu'il portera. S'il se mettait à rire ? S'il rapportait, en se moquant, cette phrase à Marthe Gresloup ou aux parents, qui s'avancent en agitant leurs cravaches ?... Il lui semble qu'elle sera pour jamais perdue dans l'estime du monde, que toute sa vertu s'écroulera dans le déroulement des mots...

« Vos défauts me plaisent... » Non, sa bouche se refuse volontairement à émettre l'aveu. Sa gorge se sèche et s'étreint... Et déjà sa mère, ayant piqué l'alezan, se trouve près d'eux, le visage clair de malice...

— Ah! ah! je vous y prends, Karl. Vous contez fleurette à ma petite fille!...

Valentine se battrait à cause de son cœur lâche.

A la nuit, le scrupuleux Gaspard ayant été amené, elle le monte et reprend la notion juste des choses. Les piqueurs allument les torches. La meute hurle à la lune glissant dans les ouates vertes des nuages. Le noble Hérode, habillé comme un gentleman, de flanelles à carreaux, de jambières de cuir, s'ébroue, renâcle et encense aux mains du piqueur, qui gare difficilement sa propre monture des ruades impératives imposées par le fougueux camarade. Il y a sur la troupe l'odeur forte exhalée par le pelage du renard occis. Les habits rouges s'illuminent ou s'assombrissent selon les jeux du vent dans les feux des torches.

En tête, les trompes sonnent pour saluer l'auberge d'Horace, adossé contre la porte avec son fils qui ricane. La brise érafle les visages et secoue la forêt geignante.

Vers l'horizon, le ciel noirâtre se colore des étincelles jaillies en gerbes aux faîtes des donjons du phalanstère, accroupi, lui, dans la plaine, comme une bête d'ombre aux cent petits yeux de feu.

— Ne semblons-nous pas, dit Valentine

en poussant Gaspard vers le buggy où Marthe rêve, ne semblons-nous pas une cohorte fantastique de chevaliers errants venus à la bête qui, là-bas, souffle de la fumée et des flammes, malgré nos intentions pacifiques ?

— Valentine, Valentine, ce dragon-ci nous dévorera, et il n'y aura pas de gâteau de miel pour détourner sa fureur... Il garde le trésor de ses instincts plus jalousement qu'aucune bête des légendes... Ah ! nous sommes contre lui de pauvres chevaliers !...

Marthe Gresloup regardait Karl, dont l'attention ne quittait point non plus les bâtiments des fabriques.

— Voyez, Valentine, voyez comme le dragon fascine le pauvre Karl... Je le perdrai, je le perdrai sûrement... Un jour de révolte, ils le tueront... Ils sentent trop qu'il les aime...

Elles se turent... Derrière le buggy, les

rires du couple Cassénat, par instants, frappaient la nuit solennelle, et puis des tendresses de voix passèrent par-dessus le pas égal des deux hunters. Valentine se retourna sur sa selle. Elle aperçut l'étreinte de torses écarlates, les chevaux arrêtés, la bride lâche, les naseaux flaireurs.

— Vous avez parlé de mort, dit Valentine souriant à Marthe. Ecoutez, on s'embrasse...

— Les contraires... toujours près de se joindre pour rappeler l'irrévocable unité des choses, le perpétuel recommencement, le puéril orgueil de nos agitations humaines...

— Mais nous ne sommes que cela, madame, et vous prétendez aussi égaler Dieu, comme Karl de Cavanon!...

Elles s'occupèrent de lui. Marthe Gresloup devint très affectueuse pour Valentine. Elle s'étonna que la jeune fille s'intéressât tant à ce qui le touchait. La tante n'avait pas cessé de croire son neveu méprisé et moqué par cette jeune imagination, prompte au jugement.

Ce soir les rendit tout à fait confidentes. Quand, sur le perron du château, les trompes sonnèrent la curée, elles se rapprochèrent au flamboiement des torches tenues par les rouges piqueurs immobiles.

Karl, devant elles pensait évidemment à de mauvaises heures. Il semblait tressaillir parce que la meute hurlante ruée sur les viscères des lièvres et des renards emplissait l'air de sa querelle, de sa liesse brutale levant à la lune des mufles de sang.

Elles lurent en lui ce qu'il prévoyait d'affreux dans ce symbole...

— Rien n'y manque, n'est-ce pas, Karl? dit Marthe. Comme le peuple au visage, les chiens portent, au flanc, leur marque de servitude, le C imprimé au fer dans leur peau...; et voici le maître Renard des fabliaux, le rusé bourgeois des Communes éventré par sa fureur, et aussi le lièvre mystique, le timide songeur du fourré.

— Nous pensions d'accord, tante..., et je concluais en saluant le cor féodal, le retour terrible à la force et à la barbarie des premiers âges, résultat inéluctable de nos tentatives de bonté...

Les chiens ne hurlèrent plus, tout à la besogne de se gaver. D'aucuns, écartés de la meute, dévoraient à part des entrailles gluantes, et les traces des pattes rougissaient les dalles de la cour apparues dans les lueurs des torches.

Le lendemain, après un sommeil rassérénant, Valentine assembla les souvenirs de la conversation échangée avec Marthe. Elle en déduisit que, si Karl ne lui faisait pas la cour, cela tenait à un état de méfiance envers lui-même, car il pensait qu'une âme neuve et pure — la seule où il saurait encore rafraîchir sa vie — se détournerait de son attention.

« Il se juge vieux, dit-elle, et d'apparence vicieuse, à cause de son aventure avec la tragédienne. Quelle jeune fille consentirait à mettre en lui la confiance de tout un avenir ?... Voilà comment il raisonne. Je puis donc ne pas croire à son indifférence. Il m'aime peut-être. Mais, en fût-il ainsi, il ne peut oser se faire comprendre. »

Un soleil froid pâlissait encore la chambre blanche, capitonnée d'une tenture à fleurs. Du givre s'était mis contre les vitres; et, à travers une vapeur rose, l'espace se révéla plus large.

L'extrême joie saisit Valentine. Rien ne s'opposait plus, en somme, à la conquête de Karl ; pas même le temps limité. Depuis peu, il était convenu que les Cassénat passeraient l'hiver dans les Vosges. Le château de Touraine devait être livré aux entrepreneurs de bâtisse et rajeuni par leur art.

On attendrait, chez Mme Gresloup, la fin des travaux.

L'enfant se leva en hâte. Elle sentait comme une impérieuse envie de montrer le bonheur de son illusion à la nature en gala blanc. Sa toilette fut vite achevée. Au sortir de la baignoire, elle endossa un chaud costume de drap anglais, une pèlerine de fourrure, et campa sur ses bandeaux noirs une toque d'astrakan.

Dehors, le soleil se multipliait dans les cristaux du givre. La terre parut un gros diamant. Les sapins avaient à leur écorce des cuirasses de gel, et le vent cinglait.

Valentine marcha vers les fabriques. Quand elle aborda l'avenue, elle vit des groupes de femmes et d'hommes enveloppés dans la grande cape bleue dont les dotait le phalanstère et qui s'acheminaient vers les lieux de travail en se jouant. Des gamins perfectionnaient de miroitantes glissades sur les bas côtés. Tous, en passant, saluaient un casseur de pierres âpre à sa tâche sur le mètre de cailloux. Sans quitter le marteau ni les besicles en treillis de fer, il répondait par des interjections plaisantes. Les passants riaient et continuaient leur route. Mais lui ne cessait pas une seconde de faire éclater les pierres, à genoux sur un morceau de paillasson.

Il portait la chemise rouge, le costume de gros velours brun, et de plus, chose étrange, des gants de peau.

A mesure que Valentine s'approchait de la place où il était, elle se sentait prise d'un doute. Dans les gestes et l'allure de l'humble ouvrier, elle eût pensé reconnaître les gestes, l'allure générale de Karl... D'ailleurs, il la convainquit lui-même bientôt.

— Hé, mademoiselle, que dites-vous de ma plastique sous ce costume ? Suis-je assez casseur de pierres ?...

— Oh ! c'est vous ; le terre-neuve !

La sueur ruisselait au long de ses tempes... Il continua de rompre ses cailloux.

Valentine sentit poindre une grande envie de pleurer... Karl de Cavanon sincère !

— Je lutte contre le froid, triomphalement...

— Pourquoi ce labeur ?

— Comment prêcher avec justice le travail aux hommes si moi-même ne le pratique ? En m'attribuant la plus humble besogne, je donne un peu de courage aux pauvres gens.

La masse de métal retombait régulièrement sur la pierre. Des étincelles fulguraient. Karl retira son feutre... Sa chevelure trempée collait au front comme une coiffe noire.

— A midi, je prendrai une bonne douche... Voilà qui entretient la vigueur du corps et qui tue la nervosité. Je vous recommande ma méthode, mademoiselle. Six heures de bris de cailloux, tous les matins. Ça m'a sauvé du suicide et de la gastrite...

— Pour aujourd'hui, prenez congé, faites le lundi. Vous avez promis de me montrer les serres.

— Excusez-moi ce matin. Nous avons une battue au sanglier l'après-midi... et le soir je serais incapable d'accomplir mon travail. Pour rien au monde, je n'y manquerais un seul jour...

— Pour rien au monde... mais pour moi ?

— Vous me mépriseriez.

— Que vous importe? Mon jugement, le jugement d'une petite personne comme moi saurait-il prendre de l'importance auprès de vous ?

— Beaucoup !

Il dit cela presque sans rire. Même il feignit de mettre toute son attention à la tâche de trier les plus grosses pierres entre les éclats minimes... Et puis, brusquement, il recommença de frapper à tour de bras avec la masse au manche flexible.

Ils ne parlèrent plus. Elle ne le regarda plus. La crispation amoureuse la torturait. A son oreille, le bruit s'activait des pierres éclatant, jaillies en parcelles, retombées sur les éclats... Elle comprit que Karl tapait sur cette matière comme sur la malchance de sa vie, comme sur le bas instinct de Maria Pia et la solide bêtise de la foule... Elle ne pensait plus à la promenade...

— Voulez-vous que j'aide ? dit-elle.

— Volontiers... Avec ce balai de bouleau, assemblez les pierres rompues en un beau tas aux arêtes parallèles. Ainsi notre ouvrage progressera ; car voyez :

cette brouette, cette pelle sont là pour que tout à l'heure je recueille le crottin sur la route... Et le soleil monte.

Il semblait prendre un plaisir malicieux à l'étonner par l'ignominie de sa besogne... Mais elle ne se troubla point. Elle s'assit sagement sur le mètre de cailloux et rassembla les pierres, une à une, avec le balai de branchettes...

« Nous devons être fort ridicules ainsi, tous deux, pensait-elle; moi surtout, avec ma pèlerine Souvarow et ma robe anglaise. Par bonheur, il ne passe plus personne sur la route... Comme il peine! La sueur coule sur son pauvre front... Quel Christ singulier! Oh! si j'osais, je ferais la sainte Véronique et j'essuierais avec mon mouchoir la face tourmentée. Et puis, il me semble qu'ensuite je garderais très précieusement le linge... très précieusement... Il ne faut cependant pas avoir l'air bête... »

Ils recommencèrent à causer. Karl parla du comte Tolstoï qui, dans son domaine de Yasnaïa Poliana, confectionne les souliers des paysans et, pour cela, renonce à une gloire d'écrivain. Les idées de ce haut seigneur russe l'inspiraient.

Valentine s'amusa de son travail. Elle faisait des petits tas fort réguliers.

Karl ne cessait point de rompre les pierres.

La jeune fille rappela leurs enfances. Une fois, très jadis, ils avaient ensemble joué au sable dans le jardin des Tuileries. Quelle fierté quand le grand garçon de quinze ans consentit à rectifier l'alignement défectueux des petites mottes !

— Aujourd'hui, c'est mon tour d'avoir de l'orgueil, dit-il. Vous aidez aussi à la puérilité de mes petites mottes. En quinze ans les rôles se sont renversés. Nous faisons cependant toujours des pâtés de sable pour qu'ils s'écroulent sous une botte imprévoyante.

— Et notre camaraderie subsiste aussi. Vous voyez, je suis encore votre docile élève.

Il lâcha la masse de métal. Elle vit vers elle le visage obscurci par les besicles à treillis de fer. Un frémissement la parcourut. Ses narines battirent, son cœur se cabrait dans une étreinte nerveuse. Elle baissa les yeux et continua sa tâche avec le petit balai de branchettes.

— Ma disciple ! je ne me résoudrai pas, croyez-le, à gâter votre bonheur avec mes lubies. Amusez-vous de moi ; mais je vous en conjure, ne retenez aucune de mes paroles.

Tristement, elle murmura :

— Il est trop tard peut-être. La graine a germé.

Karl examina le jeune fille infléchie

dans sa posture humble, les luxes de cette simple robe et la figure grave émergeant des fourrures. Les épaules du rêveur se haussèrent; il reprit sa masse d'un brusque mouvement et lança sa rage sur les pierres.

— Allons donc, vous! ma disciple! allons donc!

Les cailloux volèrent en éclats jaillis. La sueur ruissela plus abondante sur la face aux besicles de fer. Il s'était recoiffé brutalement.

Valentine se comprit devinée. Il ne voulait pas. Il se défendait. Donc il avait peur, peur d'une séduction.

Clock et clock. Les pierres s'écrasaient, rebondissaient. Le soleil semait dix mille lueurs sur les arêtes des éclats bleuâtres et sur les paillettes de mica. Les étincelles partaient en gerbes. Clock et clock; clock et clock.

Valentine se laissa rire devant cette

colère, rire vraiment joyeux et qui cachait aussi son émotion.

— Ah! ce terre-neuve, ce terre-neuve!

Karl redoutait certainement qu'elle le séduisit. Elle en gagnait, de seconde en seconde, la plus ferme certitude. Et c'était un pas immense en avant sur la route du triomphe. Karl redoutait une passion qu'il reconnaissait Valentine capable de faire naître en lui. Il la redoutait comme le souvenir même de Maria Pia.

Valentine se débarrassa de sa pèlerine Souvarow, et, avec une folle activité, elle réunit en un mont les petits tas de pierre.

— Voilà, je travaille, regardez donc, *cher maître*. Un encouragement, de grâce!

Il lui sourit en se moquant et il se reprit à feindre de la fureur contre les cailloux.

— Hein! vous me prêterez des livres,

Marx et Bakounine, n'est-ce pas? mon professeur.

— Si vous y tenez, ça vous procurera des heures de bon sommeil.

— Vous me jugez trop sotte pour y comprendre quelque chose.

— Trop fine et trop perspicace pour vous attarder à de l'illusoire. Vous ne voulez pas être Dieu, vous.

— Qui sait? Il me vient de l'ambition à vous voir si ardent à casser des cailloux. Tenez : le beau tas que j'ai construit.

— Ah ! c'est du propre, mademoiselle. Qu'il survienne une grosse pluie; il n'en restera guère de votre tas.

— Apprenez-moi.

— Demain.

Il retapait plus rudement les pierres. Elle réendossa la pèlerine Souvarow.

Maintenant quelque chose les liait. Elle en demeura convaincue. Et, de contentement, elle se mit à fredonner; à virer aussi dans sa robe qui « fit la cloche ». Elle étendait les bras. Elle tourna comme une petite fille dans la cour de la pension et prête à s'étourdir.

— Vous avez assez travaillé, maintenant. Allons voir les serres.

— Non pas, non pas. Vous me mépriseriez, mademoiselle la Tentation !

Elle s'arrêta net de virer et de chanter.

Avait-il mis une arrière-pensée dans ce surnom? Il détournait le regard, et, au coin de la moustache, subsistait le pli moqueur un peu amer des lèvres épaisses entr'ouvertes. L'intention évidente se marquait là.

Il parut à Valentine qu'un nouveau sang vigoureux se répandait à travers sa vie centuplée. Elle redevint grave devant le bonheur, et s'assit sur le mètre de cailloux tout près de Karl, la mine interrogative.

— Oui, tentation, dit-il, vous voilà près de moi, qui enflez votre robe serpentine. Ah! vous êtes une petite Ève, pour me reprendre à la loi de Dieu. Vous êtes une pernicieuse petite Ève.

Il riait. Ses paroles la pénétrèrent comme une douceur de printemps. Elle répondit, bien sérieuse et palpitante :

— Non, non, je ne suis pas une Ève pour vous reprendre à la loi de Dieu puisque je vous aide. Donnez-moi du travail encore. Si vous ne me donnez pas du travail, j'aurai des envies sottes de vous entraîner ailleurs.

— Pensez un peu, pensez, reprit-il sérieusement, à la nécessité de l'exemple que je donne ici.

— Oui, vous sacrifiez tout à la folie de la rédemption, tout...

— Tout, fit-il cruellement.

Ils se turent. Valentine estimait perdue

sa chance première. Lui tapait forcenément.

Alors une charrette passa. Ils reconnurent l'aubergiste à demi couché au fond et qui menait sa mule à coups de bride.

— Bonjour, Horace, cria le casseur de pierres. On revient de la ville. Et le marché ?

— Ah! oui. Comme ça.

Le paysan, d'un juron, arrêta sa bête. Il se dressait à demi dans la voiture blanche de boues anciennes. Ses yeux malicieux clignotèrent parmi les touffes de poils gris cachant sa face, et soudain, il dit avec la vanité d'une phrase mûrie par avance.

— Comme ça, monsieur de Cavanon, vous travaillez, vous travaillez. Aïe donc! vous travaillez déjà pour les élections! Ce n'est que dans trois ans, vous savez!

Et il lança un rire héroïque, enchanté

de laisser ainsi voir qu'on ne le trompait pas au moyen d'apparences, lui.

Averti par sa propre nature, il savait qu'ici-bas nul n'agit sans un but secret de lucre ou d'ambition, sans une âme au moins identique à son âme humble.

VIII

La vaste pièce de campagne tendue d'étoffe zinzoline et pleine de vieilles lithographies encadrées, des tables d'acajou couvertes de fioles à parfums, de boîtes à fards, de nécessaires d'ivoire et d'argent; les glaces, fixées aux murs dans des bandes de tapisseries anciennes, les serviettes et les peignoirs duveteux accrochés ici et là, abandonnés sur les bergères, l'altitude des fenêtres à petits carreaux verts; — rien parmi tout cela ne surgissait qui pût secourir Valentine en proie aux questions harcelantes de ses parents...

Les cheveux répandus sur une serviette fixée à ses épaules, M*me* Cassénat restait immobile afin que la teinture fraîche séchât sans déposer de traces, et M. Cassénat arpentait la pièce en soufflant la fumée d'un cigare.

Valentine demeurait contre les vitres, la face vers le ciel gris ;... elle, plus triste que le paysage noyé dans le brouillard.

Pendant deux minutes, il y eut le craquement des bottines du marcheur, le bruit du journal déplié par sa femme, qui conclut :

— Après tout..., Valentine agira selon son gré. J'ai toujours dit qu'elle serait libre de son cœur.

— Oh! je n'entends pas non plus m'immiscer dans ses histoires de mariage. On lui a présenté Paul Ancusse. Elle n'a pas voulu... Qu'elle fasse à sa guise maintenant...

— Et Paul Ancusse était un autre sire que Karl. Physique, fortune, intelligence pratique...

— Et il l'aimait!

— Ah! oui, il l'aimait!... Dieu! que les jeunes filles d'aujourd'hui deviennent singulières! Tu le regretteras, Valentine! tu regretteras Paul Ancusse!...

— Je ne crois pas, mère...

— Enfin... D'ailleurs, Cavanon réunit fortune et noblesse..., lui... Seulement, il ne semble pas très chaud...

Cela dit, M. Cassénat se plantait devant sa fille, subitement retournée. Il la regarda en croisant ses bras, en tapotant ses manches de tous ses doigts bleuis par les saphirs, rougis par les rubis, jaunis par l'or. Il sifflotait d'un air à la fois malin et contrarié dans sa lourde barbe fauve :

— Il ne semble... pas... très... chaud, Karl de Cavanon...

Sans un mot, Valentine lissait les plis plats de sa jupe noire, prête à pleurer. Elle se rebiffa contre cette envie lâche et répliqua d'un ton dur :

— Mais, mon père, ai-je jamais prétendu qu'il m'épouserait, qu'il m'aimait...? C'est vous..., c'est ma mère... Vous arrangez une histoire!...

— Voyons, Valentine, il faudrait être aveugle, mon enfant... Vous ne vous quittez pas...

— C'est elle qui le relance! affirma le père, avec un sourire furieux.

— Oh ça!... mon cher ami, on ne peut pas savoir. Il s'attache joliment à ses jupes...

— Euh! euh!...

— Au fond, je devine, moi, ce qui la tente..., c'est la particule... Oui, oui, ma chère enfant... Je ne suis pas votre mère pour rien... Je vous connais, vilaine ambitieuse!

— Tout bonnement! Elle préfère se nommer « Mme de Cavanon »... « Mme Ancusse », lui paraissait mesquin...

— Ah! pauvre petite! tu verras plus

tard!... D'abord, il a passé la jeunesse, Karl...

— Valentine!... je t'avertis : tu souffriras énormément... Et une fois que tu auras commandé des armoiries pour ta vaisselle, tu t'apercevras qu'un tortil ne suffit pas...

— Mais, père, je vous assure... Mère! vous me jugez très mal...

— A d'autres, petite fille..., on connaît ta nature... Le phalanstère! ces gens vêtus d'une livrée comme une armée de domestiques! l'équipage de chasse! Ah! je comprends : ça flatte la vanité... On vivra comme une reine..., on aura ses vassaux... Déjà l'on pose pour la philosophe à la mode de Jean-Jacques, à la grande dame du xviiie siècle... On cultive aussi son petit encyclopédiste... Tiens! Oh! je comprends que cette parade attire une jeune fille... Mais écoute ta mère, Valentine : l'amour vaut mieux ! tu entends ; l'amour vaut mieux !

Mme Cassénat levait les yeux sur son mari, dont le regard flamba. Ils se saisirent les mains et s'embrassèrent en murmurant des choses puériles...

Valentine n'en revenait pas. Ses parents la croyaient telle, esclave d'une simple vanité, et sans amour ! Ni sa tristesse, ni sa maladie ne les renseignaient sur elle. Ils la disaient stupide et orgueilleuse, uniquement. Et tout à coup ce fut la crainte que Karl aussi ne la pensât férue d'un espoir d'anoblissement. Peut-être cela l'écartait-il... Un nouveau chagrin triompha de Valentine... Elle ne retint plus ses larmes qui coulèrent drues le long des joues piquées par leur sel.

Ses parents, assis l'un près de l'autre, très tendres, l'aperçurent qui essuyait son visage :

— Ne pleure pas, ma petite fille..., Valentine !

Mᵐᵉ Cassénat courut. Elle étreignit sa fille contre sa poitrine odorante ; elle répétait :

— Mais nous t'aimons, nous t'aimons bien ; tu le sais... Si l'on te prêche, c'est afin que tu puisses jouir du bonheur dans la vie... Tu y tiens ? Tu l'épouseras...

— Tu seras bien malheureuse, ma pauvre Valentine !

— Et qui vous dit, père, s'il consentira !

L'enfant ne se contenait plus. La crainte échappait à sa vergogne. Un sanglot éclata. Elle se donna aux spasmes de ses pleurs..., folle et douloureuse...

— Voyons, fillette, suppliait le père ; voyons... Calme-toi...

— Évidemment, il t'épousera... Un homme qu'on courtise ne résiste jamais...

Il deviendra ton mari, sûrement. Voyons... calme-toi... Valentine..., calme-toi...

— Laisse-la, mon ami ! Pourquoi l'attrister, aussi..., cette enfant ? Allons, petite Tine, assieds-toi auprès de ta mère...

— L'attrister, l'attrister ! Les femmes sont adorables !... Je l'avertis pour qu'elle ne vienne pas ensuite nous reprocher de l'avoir laissée faire... Je tiens à décliner la responsabilité de ce mariage. Personnellement, je l'adore, moi, Karl de Cavanon. Néanmoins, mon opinion est... qu'il rendra Valentine malheureuse...

— Tu entends ce que dit ton père ?.. Réfléchis...

A la suite de cette scène, la jeune fille découvrit l'énorme distance qui séparait son âme de celle des parents.

L'insignifiance de leur vie quotidienne, béate et luxueuse, la frappa pour la première fois. Évidemment, ils raisonnaient sur elle, comme l'aubergiste Horace sur Cavanon. Ils lui attribuaient aussi de vils désirs, des souhaits honteux. Avec un peu plus de vernis, leur esprit valait celui des rustres, de la plèbe,... et ils jugeaient les autres selon l'humanité même de leurs propres sentiments.

Valentine cessa de se croire l'âme continuée de sa mère. Il lui vint aussitôt une sorte de compassion, de celle qui nous gagne à entendre discourir des sots.

Cette idée se renforça les jours d'après. A table, à la promenade, Mme Cassénat, sincèrement maternelle, n'épargnait plus les allusions au mariage possible. Elle se montra très avide d'en finir.

Et Valentine craignit tant que de telles invites ne fussent mal acceptées par le casseur de pierres, à cause de leur banale expression : petites grivoiseries, paraphrases sentimentales.

Ayant offert son opinion nette, M. Cassénat se lavait, eût-elle dit, les mains de l'aventure. Comme à l'ordinaire, il soigna sa belle barbe. Il ne hâta point le succès, ni ne l'entrava.

Mais les facéties de sa mère profanaient l'espoir de Valentine. Elle dut fuir, se reclure dans sa chambre. Elle se surprit même à l'injurier tout bas. Etait-elle ridicule au fait, cette mère d'une grande fille, avec les cosmétiques, les fards, les heures passées à la glace, les bains d'eaux colorées par les parfums.

Pourquoi travestir ridiculement son âge? Marthe Gresloup arborait sa chevelure grise, sa couperose, ses allures viriles. Le mérite de la dame révolutionnaire parut à Valentine plus notable devant l'insignifiance des parents. L'amoureuse ne prenait d'aise qu'auprès d'elle. La politicienne poudrée n'avait-elle pas, avec la sollicitude d'un enseignement parfait, conçu l'esprit décoratif de Karl ?

Il fallait en savoir beaucoup de gré. La jeune fille résolut de la prendre pour conseil.

L'explication première que Valentine attendait ne se produisit pas. Quand Marthe Gresloup accueillit la requête de prêter les volumes contenant les théories socialistes et communistes, elle regarda la disciple en souriant :

— Vous êtes donc aussi, Valentine, une visiteuse de l'Impossible ?... Gare !...

Et, tout de suite :

— Si Karl voulait comprendre que nos espoirs se réaliseront dans le futur seulement ! Il se marierait, il formerait une famille ; il éduquerait des libérateurs, des fils, pour la rédemption du temps à venir... Car nous autres ne pouvons être que des annonciateurs... Voilà l'idée qui saurait le séduire, Valentine... oui, le séduire...

— Aidez-moi...

— De tout mon cœur !...

Et Marthe Gresloup attira contre ses lèvres émues l'enfant qui palpitait.

De ce jour, ce fut entre elles une communion parfaite des âmes.

Elles menèrent la même vie.

Selon les préceptes de Marthe, la disciple s'abstint de chercher la rencontre de Karl. Mais elle suivit la châtelaine dans ses tournées à travers les bâtiments du phalanstère.

Ensemble elles parcoururent les longues salles vernies en clair, où les cloisons de pitchpin forment des chambrettes munies de lits en cuivre, et tapissées contre le froid, de nattes multicolores. En ces alcôves, les tubes de nickel amènent l'eau chaude et la froide au-dessus d'une cuvette à bascule. Le fauteuil de paille, la table à écrire, la tulipe jaune où pousse une ampoule d'éclairage électrique attiraient leur attention méticuleuse. Les vieilles femmes faisaient le service du ménage. Elles trottinaient, proprettes, dans leurs jupes de velours brun, avec des corsages lâches en satinette rouge. Elles avaient des visages très vivants sous leurs cheveux gris lissés et leurs capelines de toile blanche. Nombreuses, elles accomplissaient peu de travail, chacune. Mais, par leurs efforts combinés, l'ordre était merveilleux, la netteté charmante sur les métaux fourbis et sur le bois lavé.

Dans le restaurant, les pas s'étouffaient encore contre le caoutchouc des planchers. Les arcades de fer encastraient des céramiques illustrées d'horizons indéfinis, d'oiseaux migrateurs, de végétations tropicales, décors empruntés à l'art du Japon.

Par groupes de sympathie, les travailleurs et les ouvrières quittes du travail se réjouissaient autour de tables en marbre, petites et grandes, afin que les intimes se pussent tenir à l'écart et que les compagnies trouvassent aussi du plaisir à savourer ensemble le repos et la vie.

Les plats arrivaient des cuisines par ascenseurs. Des chariots d'acier, glissant au long de rails inclinés, les portaient vers les tables. Au passage, les convives arrêtaient les plats par le moyen d'un déclic obstruant la voie de fer.

Les fillettes, en sarraus de toile rose, se hâtaient avec des piles d'assiettes, des cruches de bière, des vaisselles tintantes.

Les orgues jouaient au bout des galeries, et les ondes sonores se déroulaient sous les hauts plafonds de verre peint en mosaïque, et livrant un jour gai, bleu, rouge, jaune.

Les travailleurs ne pénétraient pas au restaurant sans avoir traversé les piscines recouvertes de stuc pâle, ornées de bandes de faïence. Il y avait deux vastes bassins où de l'eau tiède courait à hauteur des épaules.

On y entrait dès le travail fini. Aux portes, des vieillards et des vieilles femmes recevaient les hardes maculées par le labeur. Eux encore lavaient avec des éponges et des gants de crin, les corps humides, puis les revêtaient d'habits propres, après avoir peigné, parfumé les baigneuses, rasé les baigneurs, poli les ongles, coupé les chevelures longues.

On supportait mal ces frictions, on employait mille ruses afin de s'y soustraire. Il avait fallu modifier la construction des édifices de telle sorte que l'abord du restaurant fût commandé par les piscines. On ne mangeait que propre.

Beaucoup ne tardaient pas à partir, dans la seule intention d'éviter le nettoyage. Marthe et Valentine s'amusèrent à combattre les ruses des femmes. Certaines allaient jusqu'à l'attaque de nerfs plutôt que de subir le bain. Les deux politiciennes se firent détester.

Aux bibliothèques, désertes par le beau temps, on rencontrait les jours de pluie, des enfants qui froissaient de leurs doigts poisseux les collections photographiques, chefs-d'œuvre de l'ancienne et de la nouvelle peinture, de la sculpture. Des femmes aussi venaient lire des romans, le soir, ou par les grands froids.

Mais, à l'ordinaire, on n'y trouvait que des dormeurs et des dormeuses ronflant avec bruit sur un volume ouvert.

— Les pauvres animaux ! Valentine... Ils mangent, ils se reproduisent... Après, ils dorment ou s'abêtissent dans la fumée des pipes. Entendez-vous les rires ? Quel cri plus stupide que ces esclaffements où se marque la niaiserie de leurs âmes. Notez encore que ces rires, presque toujours, marquent l'approbation d'une méchanceté, d'une moquerie mauvaise à l'égard d'un plus faible et dont ils s'égaient parce qu'il souffre. Il me semble que je suis la gardienne d'une ménagerie... Leur gros chagrin vient de ce que je ne permets pas de puer. Allons aux serres, Valentine. Les végétaux me consolent des hommes.

Rouge de sa fureur sainte, la dame partait à grands pas.

Dans les galeries de verre, une eau chaude fumait sans cesse, en ruisselant, par des conduits en zinc. Des grappes rubicondes enflaient sur les ceps. Et les parterres indéfinis s'étalaient en primeurs, en légumes opulents, en salades. Valentine s'émerveilla. Marthe lui dit :

— Mon Dieu, c'est tout bête. Nous appliquons ici en grand les principes que les maraîchers de la banlieue londonienne suivent pour garnir la table des clubs. Beaucoup de ces gens acquirent le million en prenant soin de ne pas produire trop, de garantir à leurs fruits ou légumes le caractère de rareté justifiant l'élévation des prix. Ici, un tel scrupule ne nous atteint pas. Nous cultivons à force. Un peu d'engrais chimiquement composé selon l'étude des tissus de chaque plante, un peu de chaleur entretenue par ces eaux chaudes que déversent les bâtiments de fabrique, et nous pouvons nourrir nos prolétaires comme des lords sans que cela coûte beaucoup. En somme, la bâtisse seule absorbe réellement notre fortune. Mais je ne crains guère la ruine. Les ouvriers nous quitteront avant que l'installation soit achevée... Nous revendrons alors les usines et la cité à un industriel « nettement républicain » qui engagera des étrangers, des hommes dépourvus de leurs droits civils, afin de ne pas payer la prime d'assurance obligatoire pour les accidents de travail. Il établira sous des prête-noms sept ou huit cabarets propres à récupérer l'argent dépensé sous forme de salaires. Il fera réprimer les grèves à coups de fusil, accroîtra sa fortune, achètera les votes de l'honnête paysan désireux d'avoir un député sien qui protège ses fraudes contre les revendications du fisc ; et tout le monde sera heureux... Voilà, ma chère petite, la morale de notre fable... Ça ?... C'est le gymnase ! ! Il vaudrait mieux que nous n'y paraissions pas... Ecoutez...

Valentine perçut des cris de filles folles et des refrains grossiers chantés à pleines gorges. Une porte s'ouvrit au flanc de la construction. Dans des nuages de tabagie, elle vit des femmes poursuivies par des gaillards, des gens étendus sur le sol et fumant, d'autres occupés à se battre ; cela sous les anneaux, les trapèzes, les cordages de gymnastique, auxquels d'ailleurs peu de gens touchaient.

— Venez, Valentine, partons vite... C'est ici qu'ils passent le temps à se bestialiser le plus, aux heures de loisir. Le spectacle est souvent ignoble.

IX

L'affection pour Karl obligeait Marthe à craindre que le casseur de pierres n'éprouvât de très grosses désillusions. Déjà il avait failli périr pour l'amour de Maria Pia. Cette seconde épreuve passionnelle, la pourrait-il essuyer sans le risque du suicide ?

A deux, la dame et la disciple se lamentèrent bien des soirs.

Cependant, Valentine se donnait résolument au travail. Les amies montaient ensemble dans la bibliothèque. Marthe enseigna, sous le tableau de l'Ophélie, le moyen de ressaisir Karl, entre deux théories concernant la surproduction, la lutte des classes, l'organisation de la commune autonomique.

— Vous l'enchantez, dit-elle un jour. Il parle de vous constamment. Mais l'émouvoir, voilà le difficile !... Vous l'amusez, vous l'intéressez, mais l'émouvoir !... Il se défie tant !... Par quels moyens remplacer le souvenir de la gueuse ?...

Marthe menaçait avec la main l'image de Maria Pia.

Elles reprirent le travail dans la blonde lueur des lampes. On entendait battre sourdement au dehors la vie des usines. La stridence d'un sifflet à vapeur trancha l'espace, puis le ronflement des machines persista,

« Je me déciderai donc, pensait Valentine, à vaincre cette Ophélie avec ses armes mêmes de courtisane et de cabotine. Il m'appartient maintenant de jouer un rôle, de choisir des costumes et des

travestis, d'apprendre aussi des tirades...
Je me déciderai... »

Ce lui parut très pénible. Elle haïssait la parade, l'attention attirée sur soi par une toilette, un geste ou un mot insolites.

Cependant, elle se résigna.

Entrant une après-midi dans l'atelier des tisseuses, Karl trouva la jeune fille assise et qui cousait une layette pour la maternité du phalanstère. Il plaisanta. Mais le lendemain, elle y fut encore, et les jours suivants.

Pendant les classes où Marthe instruisait les petites filles, Valentine s'astreignit aux six heures de travail exemplaire.

Kârl l'attendait à l'épreuve d'un jour de chasse. Le soir d'une battue au sanglier, il visita l'atelier des tisseuses. Au moment où sa main saisit le bouton de la porte, il remarqua que le cœur bête tressaillait, que le frisson d'une subite pâleur courait par ses membres.

« Diable ! fit-il... Suis-je encore impressionnable tout de même après une débâcle si entière de mes facultés amoureuses ? Avouons, au reste, que cette petite semble extrêmement roublarde. Si elle se tient là cette nuit, après notre rude divertissement de tantôt, je la couronne de ma sympathie réelle... »

Il entr'ouvrit silencieusement la porte et laissa filer son regard. Elle travaillait au bout de la salle, la tête sur son ouvrage. La lumière des tulipes électriques miroitait contre ses bandeaux noirs, et il vit encore le dos joliment creux, très indiqué par un costume de simple étoffe grise. Depuis elle jusqu'à lui, les deux cents tisseuses poussaient la navette en chantant le même refrain d'une romance de Verlaine. Par-dessus leurs corsages écarlates et leurs frisures pâles, les arceaux de fer s'élançaient à la voûte peinte avec des ornements de malachite et des guirlandes de verre tordu. Les tulipes de lumière resplendissaient comme des fleurs féeriques fixées en touffes aux sveltes colonnes de fer bleu. Les mers japonaises peintes aux murailles prenaient une allure réelle sous leurs couchants expressifs et les vols aigus des cigognes.

Karl eut une sorte d'hallucination causée par le plaisir de reconnaître convaincue l'intrépide sportswoman de la première rencontre.

Valentine lui fut une fée tissant au milieu de nymphes fabuleuses dans le palais souterrain des légendes. Il songea qu'il serait bon peut-être de passer sa vie à la voir... L'orgueil de la conversion lui mouilla les paupières.

On ne l'avait pas aperçu.

Ayant refermé sans bruit la porte, il

ne se put contenir, encore qu'il se morigénât. Très vite il alla rejoindre Marthe Gresloup.

— Etonnante, la disciple ! Malgré les fatigues de la chasse, elle coud ses layettes dans l'atelier des tisseuses. Tante ! Elle coud ses layettes !

— Aime-la donc !

— Oh ! non, je ne remonterai pas le même calvaire, pas le même !

— L'autre eût-elle jamais sacrifié son repos dans l'espoir imprécis de te plaire ? Songe à la transformation de cette enfant depuis l'heure où le yacht te débarqua devant elle, en Bretagne, il y a sept mois, à la grotte druidique. Songe un peu !

— Elle agit comme toute femme. Mon affectation de pure camaraderie la pique, et elle attend que je l'aime pour dénouer son masque de dévouement, pour s'amuser de mon âme comme d'un bilboquet nouveau. Je les connais toutes. Je les connais.

— Mon pauvre ami, tu ne connais que les gourgandines.

— Et puis je me sens trop vieux, vois-tu, tante; elle serait si malheureuse !

— A la bonne heure, Karl ! Voici que tu cherches d'autres raisons. Celles de l'expérience ne te suffisent plus. Aime-la, aime-la. Veux-tu de ce kümmel ? il est !... Un délice, mon enfant ! Bois ça.

La dame poudrée trône parmi des vases de cristal où nagent, dans du champagne, des purts de bananes, d'oranges et d'ananas. Avec une longue cuiller à manche d'ivoire, elle pêche ici et là les fraîches tranches de fruits. Plus loin, les fioles de liqueurs russes et anglaises luisent sous les feux des lampes.

— Va, Karl, prenons de la vie les bonheurs qu'elle offre. Tes courtisanes t'ont menti; le peuple te ment.

— Il a raison, le peuple. Comment veux-tu qu'il croie à notre dévouement puisque nous gardons tout ce luxe dont la valeur soulagerait encore sa misère. Il nous juge comme les Cassénat nous jugent ; il croit nous offrir le motif d'un sport, ainsi que les chevaux si tendrement soignés aux écuries. Vois-tu, tante, les Slaves seuls ont compris la mission. Là-bas, les jeunes nobles, les étudiants, les princesses nihilistes qui pensent comme nous, abandonnent leur patrimoine, le distribuent aux pauvres, quittent les villes, et, ayant appris un métier manuel, ils vont par les provinces s'embaucher ici et là, maçons, typographes, mécaniciens, brocheuses ou sages-femmes. Ils se mêlent au peuple, sans espoir d'ambition, ni de reconnaissance. Ils dissimulent leurs manières délicates. Ils travestissent leur langage choisi. Ils gagnent la confiance des humbles et alors, peu à peu, ils instruisent contre la tyrannie de la force et de l'argent. Ceux-là vraiment sont les seuls logiques. Et ils agissent sans même l'attente du triomphe ; car, ils le savent bien, la révolution qu'ils préparent ainsi n'éclatera que plus tard, plus tard, après des temps. Il aura fallu que les principes semés par eux aient germé durant des générations, que des pères les aient transmis à des fils, que la chose soit devenue *traditionnelle !* Quant aux prophètes, ils mourront sans martyre même, misérables manœuvres dont les corps iront au charnier anonyme. Les Slaves appellent cela *la marche dans le peuple.* Voilà ce qu'il faut faire ; voilà comme il faut faire. Alors la plèbe croira. Elle réclamera l'ère de bonté pour le monde. Mais comment ne nous confondrait-elle pas, nous les sincères, avec ceux qui nous ont précédés, avec ceux qui l'ont leurrée, avec ceux qui ont amassé le sang des révolutions en vue de leur fortune ? Tante, j'y suis résolu : *je marcherai dans le peuple.*

— Oh ? Karl, Karl ; tu es un Christ dur, sans compassion pour moi.

— Viens aussi, tante.

— Non, le peuple est lâche ; le peuple est vil. Il ne vaut pas la noblesse de notre pensée.

— Il ne sait pas.

— Il adore la servitude ; il prostitue sa force à ses instincts ou au maître qui la veut prendre. Tiens, un moment tu m'as illusionnée avec tes paroles. J'ai cru comme toi. J'ai partagé ton œuvre. Tu le sais. Tu as donné à la plèbe ta fortune. Aujourd'hui te voici pauvre. La plèbe te hait, comme elle me hait. Si tu l'avais écrasée sous la puissance de l'argent, si tu avais exploité son ivrognerie pour t'enrichir, elle serait à tes pieds t'adorant, te vouant le pouvoir et sa servitude. Vois-tu,

Karl, tu t'es trompé avec elle comme avec la courtisane. Maria Pia te trahit pour ceux qui la considèrent comme un simple objet de luxure. Le peuple te trahira pour ceux qui le considèrent comme un seul moyen de lucre. Tu as voulu les initier, la courtisane et le peuple, à la grandeur de ton âme. Tu es un fou. Les esclaves comme les filles ont des cœurs de honte, et il n'est pas de rédemption pour eux. Je ne te suivrai pas.

Marthe Gresloup marchait en agitant les mains de délire, et sa bouche était pleine d'imprécations.

— Je partirai donc seul, dit Karl, qui avait tout écouté, la tête dans les mains.

Marthe s'arrêta brusquement contre lui.

— Tu pourrais attendre, il me semble, que je sois morte. Je t'ai voué ma vie. Ne me dois-tu pas une part de la tienne? Réponds.

— Tu finiras, tante, par me permettre de partir, parce que tu m'aimes et que tu ne veux pas l'accroissement de mes angoisses.

Ils se turent. La jolie pièce Louis XV' avec ses meubles blancs et légers, ses armoires à vitrines convexes, ses paravents lilas mauve, le feu d'or brillant derrière l'écran de soie ; la pièce leur parut soudain très vaste et déserte. Ils ne s'y retrouvaient déjà plus l'un l'autre.

Abattue au fond d'une bergère, Marthe s'essuyait la face avec une dentelle. La poudre de sa tête étant tombée pendant la déclamation, elle avait les épaules comme blanchies de tout un nouvel hiver.

Karl la regardait, très attendri. Elle lut son émotion dans le regard.

Alors elle tâcha de le vaincre encore une fois. Oui, elle l'admettait en somme ; l'ignorance du peuple faisait sa turpitude passagère. Plus tard, il comprendrait. Il se lèverait vers le bonheur. Le devoir n'était-il pas de lui préparer des apôtres pour le temps du réveil, des âmes capables de le conduire à la lumière ? Il fallait se marier, procréer, continuer dans les enfants l'œuvre élue. Cette aisance acquise par le labeur des foules et mise en quelques mains, n'était-ce pas un dépôt inconscient du peuple désireux de se créer une élite d'éducateurs ? Il fallait ainsi utiliser l'or en formant des êtres d'âme haute et complète.

— Nous sommes venus trop tôt dans l'époque ; nous ne pouvons rien qu'avertir les générations futures.

Elle nomma Valentine.

— Tante ! tante ! tu parles comme un rêve.

Elle le persuadait. Il resta jusqu'à l'aube

X

Valentine piqua de l'éperon Melchior, obstiné à poursuivre une énorme grenouille en fuite sur la route. Mais elle-même ne tint pas son sérieux, tant paraissait drôle l'allure fûtée du cheval caracolant autour de la bestiole. Il levait les jambes avec des élégances délicates, retombait des deux sabots contre les flancs du batracien terrifié, et tirait sur la bride pour lui souffler au dos, les naseaux bas.

L'amazone riait, sans force pour maintenir les rênes. Melchior, les oreilles droites, l'œil fureteur, surveillait l'herbe où la grenouille s'était blottie... Bientôt la jeune fille prit part à la chasse. De sa cravache, elle houspilla le gazon ; et la bête bondit d'un essor géant avec son dos verdâtre, ses pattes étirées, pareille à un petit homme obèse.

— Pille, Melchior, pille le panamiste ! là..., là..., mon gros !

Le cheval s'enleva sur les jambes de derrière, retomba encore contre la bête en hennissant :

— Nous le tenons, va ! hardi ! souffle !

Melchior posa presque les naseaux sur la peau visqueuse tassée dans l'herbe... Mais, cette fois, le panamiste sauta si brusquement que le cheval peureux fit un écart, rua, et secoua fort Valentine... En même temps un *floc* annonçait que la grenouille avait atteint les retraites liquides de la rivière...

La mine du cheval, surpris par cette fin d'aventure, enchanta l'enfant :

— Vieux sot de Melchior ! tu as laissé filer le panamiste... ; tu as bien une tête d'électeur, va !... hop ! hop ! hop ! Allons, là..., là..., là... Veux-tu bien ne pas avoir peur !...

Elle se pencha pour flatter l'encolure. Les cuirs des brides craquaient. Melchior peu à peu se rasséréna ; mais il continuait sa surveillance du côté de l'eau comme si la grenouille dût ressurgir...

Valentine s'étonna d'avoir eu cette minute de gaieté. Depuis si longtemps elle ne se complaisait qu'en tristesse.

Voici qu'il lui revenait une impression de bonheur. Melchior trottait gentiment, les sabots en l'air, « pour se donner de la crinoline ». Elle sentait la musculature vigoureuse soumise à sa petite main ferme, et une sorte de contentement se manifestait dans la gesticulation du cheval, parce qu'il la savait en selle.

L'amazone s'enorgueillit encore du pelage luisant, de la malice, des naseaux en beaux velours gris ; et il lui sembla que le fin animal était une partie d'elle-même, une sorte de traîne somptueuse et coquette qui chatoyait à la lumière par jolis mouvements cadencés.

Devant, c'étaient aussi de gracieuses choses. Plus large qu'un fleuve, la rivière se courbait entre de hauts rocs bleuâtres coiffés de pelouses vert fauve, portant des bouquets de sapins au faîte. Miroir plan et luisant, l'eau menait à l'horizon de ciel clair ; et, contre ces fonds limpides, frissonnaient les légères silhouettes des peupliers nus.

La route contournait une masse de rocs abrupts pleins de mousses élevées jusqu'aux nuages blancs. Le murmure des petites vagues mourut dans l'herbe du bord. Une brise chantante touchait les branches.

Valentine allait, libre de sa conscience, de sa mémoire, de son amour.

Un allégement extrême lui vint, tel

que jamais elle n'en avait connu depuis les jours du yacht. Ce mois de novembre allait finir heureusement ! Karl lui était ami. Ils ne se quittaient guère plus. Le soir, dans la bibliothèque, il parlait sans fin pour elle ; Marthe assistait. Ensuite, il jouait au piano les messes des vieux maîtres ou de pimpantes ritournelles du xvIII^e siècle, dont l'allure vieillotte charmait.

Elle se demanda pourquoi elle tenait encore au mariage. Une pareille amitié ne suffisait-il pas ? Son désir ne recherchait plus rien. Certainement Karl l'aimait.

Au moins elle résolut de ne pas savoir davantage. D'abord, elle ne ressentait pas ce besoin de caresses dont parlent les romans. Il lui eût semblé très ridicule de flatter le cou de Karl comme elle flattait l'encolure de Melchior, et elle n'eût pas aimé tenir ce casseur de pierres près d'elle, ainsi que le montrent les gravures. Vraiment elle n'y tenait pas du tout. Son cheval seul lui inspirait ce désir de caresser le pelage. Le soufflet du vent sur sa figure, quand le galop l'emportait, restait le seul baiser qu'elle souhaitât. Après, elle avait de si bons sommeils pleins d'odeurs de forêt et de voix du vent.

Le mariage l'eût assurée de ne plus perdre la présence de Karl. Et puis, la splendide idée de Marthe : l'être libérateur à concevoir, à mettre au monde, à instruire pour la rédemption des pauvres, — voilà ce qui l'attirait comme un dogme miraculeux, l'annonce d'une nouvelle foi.

Valentine n'avait point de religion. Son père et sa mère se préoccupaient mal de l'Église ; et, dans sa propre vie, le catéchisme, la communion avaient apparu tels que des formalités officielles, un peu mondaines. Par convenance, les Cassénat entendaient régulièrement la messe dominicale ; et la famille faisait ses pâques à date fixe, vers la fermeture de la chasse au marais. La messe de la Saint-Hubert était une solennité attrayante avec les chiens, les cors, la grande tenue des piqueurs vêtus à neuf, les chevaux que le prêtre bénissait.

Quant aux articles du dogme, elle ne les discutait point, par souci de bon goût. Le catholicisme lui valait une marque de caste, un espoir vague aussi d'immortalité paradisiaque. De tout cela, elle connaissait bien les paraboles évangéliques, et le *Livre du peuple* de Lamennais, qui formait le plus substantiel de ses convictions chrétiennes.

...L'espoir d'un enfant-prophète qu'elle engendrerait flatta sa jeune ambition. Elle se reprit à croire au Christ. Si elle épousait Karl, si un fils lui venait, elle 'appellerait Jésus. Quelle œuvre splendide d'élever le jeune rédempteur ! d'ouvrir son âme à la pitié, de préparer son corps et son cœur au culte douloureux de la bonté !

La gloire de l'avenir possible, probable, enthousiasmait Valentine, ce jour de chevauchée à travers les roches, au long de l'eau. On jouissait de ces courtes semaines de fin d'automne, où subitement l'air s'adoucit pour un dernier gala estival, avant la rigueur d'hiver. L'enchantement de son espoir et la tendresse de l'air pénétraient ensemble le cœur de Valentine.

Elle pressa Melchior, très contente. Les quatre fers sonnaient belliqueusement sur les cailloux de la route. Le cheval se lança vers le vent. Seule, dans le paysage, elle décrivait de petits gestes afin de se plaire : des saluts, des baisers aux bandes d'oiseaux en partance pour les pays tièdes. Les gants blancs étaient, à ses mains, deux ailes d'invisibles colombes signant sur l'espace un symbole de joie et de pureté.

Pendant que le reste de la compagnie se reposait dans l'auberge d'un village, elle était partie, impatiente de sentir secrètement son bonheur. Karl lui avait dit de galantes choses; et elle l'avait laissé avec ses parents, dans l'espérance que la question du mariage se poserait.

Maintenant, le tour des roches fini, elle regagnait le village, un peu craintive à cause d'une résolution qui eût été prise par les causeurs.

Elle les retrouva en selle. Ils reprenaient la route. Mme Cassénat luttait contre le noble Hérode, et dans son amazone grise, avec son cimier de cheveux rouges, elle semblait une guivre à l'armet d'or.

Les deux hommes conversaient à part. En gamine, Valentine les surprit de la rapidité de son galop, s'arrêta net près d'eux. On échangea quelques paroles, et le père répondit à un propos interrompu :

— Alors, les deux chagrins se fondent. L'image de la mauvaise femme se ternit sous l'haleine haineuse du peuple ?

— Au moins je découvre, chaque jour, tant d'analogie entre leurs façons de penser que celui-ci se corporifie dans le souvenir de celle-là. Elle est la forme de l'hydre... Et le soir, je conte au portrait de la dame tous mes griefs contre la foule.

— Elles portent l'une et l'autre le même collier de triste servitude, étant l'une et l'autre esclaves des instincts.

— Oui..., et je me laisse aller facilement à croire que la première ne fut, dans ma vie, que l'annonciatrice de la seconde ; elles représentent certainement deux formes un peu diverses du même mode de penser bassement.

— Nous faisons nous-mêmes, Karl, notre vie ; heur ou malheur...

— Je confectionne singulièrement la mienne...

— Pourquoi, dit Valentine, ne pas admettre que vous épuisez la série des chances mauvaises, pauvre terre-neuve, pour ensuite ne plus connaître que la série contraire ? Si médiocre philosophe que je sois, je ne l'ai pas oublié : l'action entraîne la réaction ; et dans toutes choses vivent d'équilibre dans l'univers.

— Vous êtes la bonne petite prophétesse, mademoiselle. Du moins, je compte m'accoutumer tellement aux ennuis que, par l'usage, ils arriveront à ne me plus gêner.

Mme Cassénat finit de dompter le noble Hérode. Elle le ramena au rang des autres.

Un moment les quatre trotteurs allèrent en silence le long de la rivière que le couchant dorait. Bientôt il s'échangea des plaisanteries entre les coureurs. Mᵐᵉ Cassénat ne manqua point de glisser ses allusions matrimoniales. Il s'ensuivit que l'on disserta précieusement sur l'amour...

— Je ne vois pas, émit Valentine, ce que l'amour ajoute au plaisir de l'amitié. Quand on ressent de l'inclination pour quelqu'un, si cette personne ne vous fuit pas, si elle aime causer avec vous, et elle recherche votre présence et si elle s'en réjouit, ne doit-on pas se contenter? Et n'est-ce pas un bien gros égoïsme que d'exiger le don d'une vie entière comme gage d'affection ?

Elle disait cela assez convaincue, mais avec l'attente aussi que Karl de Cavanon protesterait, soit à cause du souvenir de Maria Pia, soit, et inespérément, à cause d'elle-même. Mais le casseur de pierres, après deux fadaises, débitées à Mme Cassénat en indignation, développa l'opinion de Valentine.

— Mademoiselle n'a point tout à fait tort. Quel est le plus grand charme de l'association nuptiale, sinon l'heureuse confiance des époux, l'estime mutuelle, l'enseignement réciproque de leurs esprits, et la joie de se partager les sensations agréables ? Nous goûtons à tout cela dans l'amitié franche, réelle ; et le petit surplus du mariage, s'il était le seul motif de la liaison conjugale, suffirait mal à la bonne entente, à l'amour même... On lit, chaque jour, les mille preuves du fait divers.

Valentine jugea que logiquement il devait avoir raison ; mais sa vanité se froissa. Elle conçut un vif chagrin... Par bonheur, sa mère disait :

— Et les enfants ! Karl ! et les enfants... comptez-vous pour rien le bonheur qu'ils donnent...

— Oui, mon cher, vous parlez en célibataire intransigeant. Vous ne comptez pas ce que la paternité procure de satisfaction, d'orgueil.

— Merci, père, dit Valentine, en mimant une reconnaissance comique.

On rit, et chacun cacha sous ce rire la confusion que les propos donnaient. En soi Valentine songeait amèrement à l'envie non feinte de son père, de sa mère à se défaire d'elle au plus tôt. Ils lui gardaient tant de rancune depuis la mésaventure de Paul Aucusse. Mais Karl parlait encore, et cette fois il l'émut beaucoup dès les premiers mots. La crispation amoureuse la fit frémir...

— Les enfants, disait-il, voilà précisément ce qui m'épouvante... Certes le mariage tente, et il me paraîtrait délicieux, à cette heure, de chérir une âme pure qui consentirait à rafraîchir ma vie en acceptant ma sincère et forte affection. (*Il regarda*

Valentine expressément.) Mais avons-nous le droit de procréer des êtres pour l'inévitable douleur ?... Pouvons-nous jeter sur le monde de pauvres hommes qui ne sollicitent pas la vie, et que notre plaisir égoïste voue à toute la misère des existences actuelles..., le pouvons-nous, sans crime, nous qui savons ?...

— L'affreux Schopenhauer ! déclara Mme Cassénat.

— Voilà, reprit Karl, la grande, l'unique raison qui me détourne du mariage.

— Elle m'étonne de votre part, riposta promptement Valentine, que cette presque déclaration rendait folle. Comment pouvez-vous, si muni de science, jauger le bonheur et le malheur du monde à la mesure d'une pauvre vie humaine ? Voulez-vous l'amélioration de l'état présent pour la société ?... Oui, n'est-ce pas ? Alors ne devez vous pas songer que la masse, le troupeau, le peuple continuera longtemps encore de procréer? Donc longtemps encore, il subsistera des êtres pour souffrir; et notre sentiment du beau ne nous engage-t-il pas à tous les efforts, à tous les sacrifices pour alléger leur peine?... Vous voyez bien qu'il importe de perpétuer les races affinées et intelligentes afin que, se développant de génération en génération, par l'épreuve même des douleurs, elles modifient vers le mieux l'état présent des hommes? La charité vous ordonne de vouer vos fils à la douleur personnelle, afin qu'ils diminuent la douleur générale, par l'usage de la science. Et l'histoire des sociétés l'enseigne; le savoir ne se développe que dans les milieux de population très dense, c'est-à-dire là où la vie se multiplie le plus. Le devoir d'altruisme, de charité, de bonté, celui-là même, ô terre-neuve, dont vous prêchez sans cesse l'exercice, ce devoir nous oblige avant tout à protéger la vie et à l'accroître.

Ayant fini, elle le regarda rieuse, triomphante. Elle avait mis beaucoup de chaleur à débiter sa tirade, apprise en secret, depuis les conseils de Marthe.

— Hein, terre-neuve ; la disciple ! ! !

Melchior gambadait. Elle le piqua de l'éperon et dans une galopade enleva son cœur joyeux.

— Enfoncée, Maria Pia, disait-elle presque haut, très gamine. Ah ! je l'aurais voulu voir, la tragique Ophélie, y aller ainsi de son haleine sur la question du peuplement. Ma petite Valentine, te voilà grand premier rôle ; tu passes les ingénues.

Le soir descendit jaune et rose, sur le miroir de l'eau, dans les branches graciles des peupliers. Elle mit Melchior au pas. Ses parents et Karl la rejoignirent ; ils eurent des propos joyeux.

Rentrée dans son appartement, la disciple appela sa femme de chambre pour hâter la robe de brocart. Elle cousit elle-même, avec l'imagination qu'elle tramait, de son aiguille, un avenir.

La fille contait des histoires naïves, auxquelles Valentine ne s'intéressait pas. Elle conversait pourtant afin de ne pas blesser par un silence incompris la servante loquace. La robe s'étalait, presque prête, à grande traîne, où une broderie de soie verte imitait des herbes d'eau.

XI

Les semaines passèrent. Chaque jour la jeune fille emportait une place dans l'esprit de Karl. Elle lut énormément. Les connaissances de Marthe Gresloup envahirent parmi le flot des paroles tumultueuses, le jugement de la disciple. Et, parce que l'éducation très franche donnée par les parents n'avait point gâté la vigueur naïve de son intelligence, Valentine en exprimait les conclusions droites, naturelles, étonnant ceux embourbés dans les maximes et les théories contradictoires de l'instruction vulgaire.

— Voyez-vous, terre-neuve, disait-elle. Il faut remettre vos projets à une heure future. Vous avancez sur l'époque comme une horloge trop neuve.

— Certes, j'avance. Mais vous la disciple, vous entendrez le tocsin des grands jours.

— Pas même. Ni vous, ni moi.

Rien n'annonçait le réveil du peuple. Comme il l'avait promis, Horace installa le hangar sur son champ de pommes de terres. Il le garnit de bancs et de tables en bois, l'éclaira de lampes au pétrole suspendues à des fils de cuivre. La nuit, les ouvriers vinrent, en cachette d'abord, en toute audace bientôt. L'aubergiste acheta les chemises de flanelle rouge, les souliers neufs, les chapeaux, les vestes, à des prix infimes vite remboursés par les buveurs payant des verres d'alcool.

Karl ne sut comment les garantir.

D'abord, il laissa les fautifs dans les haillons qu'Horace échangeait pour les costumes du phalanstère revendus, selon un prix triple de l'achat, aux fripiers belges.

Mais la honte que les ivrognes encoururent les premières fois ne persista point. On inventa dans les ateliers un mot pittoresque pour désigner l'opération : « Dépareiller la livrée ! » Et quand l'un allait boire, les autres disaient : « Hé quoi, vieux, toi aussi, tu dépareilles la livrée ? »

Les têtes ambitieuses du syndicat abreuvées à crédit par Horace entreprirent la campagne sur ce mot. Ils invoquèrent la dignité du peuple. Pouvait-il convenir que des travailleurs libres eussent une tenue comme des piqueurs ! La théorie irrita les orgueils. Pendant les semaines de décembre, la moitié des hommes du phalanstère vendit ses effets à Horace.

L'aubergiste loua un entrepôt dans un faubourg de la grande ville.

Marthe Gresloup tenta des démarches pour que la préfecture retirât la licence au cabaretier. Mais un avocat, assumant la cause de l'opprimé, parla au nom de la liberté du commerce, des franchises républicaines, des droits de l'homme, que le baron réactionnaire prétendait enfreindre. Le *Progrès lorrain* et la *Revanche républicaine* dévoilèrent les manigances des *boulangistes saint-simoniens*. Des articles d'indignation parurent qui s'intitulèrent l'*Obligation de la livrée*, le *Bienfaiteur et ses domestiques*, dont la rhétorique pleine d'ironie comparait Karl et Marthe aux tyrans les plus célèbres.

En même temps, les négociants notables de la ville s'associèrent sous ce vocable : *Alliance républicaine des patriotes*.

L'alliance organisa des réunions publiques où l'avocat discourut éloquemment. L'une se tint même à l'auberge.

Cavanon voulut s'y rendre. Mais on le prévint que la salle étant faite par les soins des syndiqués, il ne pourrait obtenir qu'on l'écoutât. Dès qu'il parut, les sifflets éclatèrent, les haros. Un monsieur obèse, entortillé dans une redingote d'enterrement, et très barbu, joua la générosité, le couvrit de son corps, le contraignit à sortir par la fenêtre basse, pendant que ces messieurs de l'Alliance adjuraient le syndicat de surseoir à la violence.

Le lendemain, son notaire lui apprit que les commerçants de l'Alliance formaient une compagnie anonyme pour l'achat de ses usines. Evidemment on le forcerait à vendre selon un prix vil. L'Alliance patriotique acquerrait à la valeur du fer, les machines et l'outillage que toute une fortune, la moitié d'une autre, avaient, au juste, payés.

Les choses allèrent vite. Au jour de

l'an, l'avocat fut promu chevalier dans l'ordre de la Légion d'honneur. Le *Progrès lorrain* et la *Revanche républicaine* rappelèrent sa conduite brillante en 1870 lors de la bataille perdue à Saint-Privat.

Le 7 janvier, le casseur de pierres refusa net aux délégués du syndicat le salaire en argent. L'après-midi même il ordonna qu'on rendît leurs papiers de route aux trois cents travailleurs ayant vendu les costumes du phalanstère. Ceux-ci réclamèrent le paiement monnayé de leur travail aux usines. Leurs camarades les appuyèrent. Immédiatement la grève fut annoncée.

Marthe, Karl et les Cassénat s'enfermèrent au château, les persiennes closes.

Au soir ils perçurent la cadence du pas de troupe. Ils reconnurent dans la nuit un long troupeau de soldats muselés de jugulaires, attelés par des courroies aux gibernes, aux havresacs, aux armes, et maintenus en colonne par le cheval du capitaine qui trottait de la tête à la queue.

Le troupeau arrêté forma une haie, sombre aux épines de baïonnettes, et fichée dans la boue sous les stries de l'averse métallique.

Par une fenêtre ouverte, parvinrent les insultes du capitaine reprochant au fourrier une erreur sur le prix local du lard. Décidément était-il à 0 fr. 97, comme l'indiquait la mairie, ou à 0 fr. 95, comme le disaient les habitants.

Le bruit d'un sabre dégrafé retentit longtemps sur le pavage.

— Je ne sortirai plus, déclarait Karl. Les grévistes me brutaliseraient et cela donnerait aux troupes l'occasion de rétablir l'ordre.

— Le piqueur qui rentre, dit Cassénat, a vu les dragons arrivés.

Les choses restèrent en l'état plusieurs jours. Les cordons de troupe empêchèrent les grévistes d'aborder le château. Il importait que le prestige de la richesse fût, avant tout, maintenu.

Le ciel noirâtre sema continuellement la neige. Les sapins émergeaient seuls des ondulations blanches.

Sur invitation officieuse, le casseur de pierres se rendit chez le préfet. Il revit cet ancien camarade de club, vieilli, le visage haché par les rides, et qui lui conta des souvenirs. La grève, à l'entendre, semblait finie. Il ne fallait pas d'inquiétude. Les troupes rentreraient le surlendemain dans les casernes de la ville. Le baron dînerait-il à la préfecture ? Karl accepta.

— Voyez-vous, Cavanon, confia le fonctionnaire, dès le premier cigare : je vais vous avouer tout, à condition que cela demeure entre nous. Parole d'honneur ?

— Vous l'avez, mon cher.

— Eh bien ! c'est très simple : l'Alliance veut vos usines ; elle nourrira la grève jusqu'à ce que vous les cédiez.

— Que m'importe ? puisque je fabrique à perte.

— Soit ! voilà mon avis. Je ne vous en dirai pas plus. A votre place je vendrais aujourd'hui.

— Mais vous-même m'assurez la fin du conflit.

— Oui, oui, certes ; mais il peut surgir un incident, une histoire, et alors... Suivez mon conseil. On mène dans la presse locale et dans les journaux de Paris une campagne qui n'est pas naturelle. Ces coquins-là sont les plus forts, cher ami, les plus forts ? Vous comprenez. Lisez.

Il tendit à Cavanon un article intitulé *l'Ophélie du baron*. Une plume adroite y avait étalé burlesquement tout le pauvre amour avec Maria Pia. Vers la fin de l'article, on accusait Karl de s'être ruiné par l'usage des chevaux et des actrices. Grâce au travail gratuit des pauvres gens amenés par la faim dans ses usines, il se refaisait.

Ce fut pour lui comme une entaille au cœur. Il sentit ses viscères se gonfler contre ses os et s'y froisser rudement. L'angoisse l'étrangla ; et il savait stupide le sourire de dédain qu'il mima jusqu'à ce que la sueur coulant à ses tempes l'eût agacé.

— Vendez, Cavanon. Croyez-moi ! Je suis gentil, hein ! de vous montrer toute la trame de l'intrigue. Soyons gais ! Qu'est-ce que ça vous fiche au fond, de vendre, vous cesserez de manger Mme votre tante. Allons ! c'est dit. Je vous enverrai le notaire de ces messieurs. Et vous pourrez vous rendre à la joie et au boulevard. Ah ! cette Maria

Pia! Etait-elle belle, mon cher! Quels souvenirs elle doit vous laisser! Vive la vie! Cavanon. Lâchez-moi donc la politique! (*Imitant la voix du croupier.*) Messieurs, il y a 500 louis en banque! Vous rappelez-vous les bons soirs?

Quand il quitta la préfecture, les choses dansaient devant les regards brouillés de Karl. Toute sa haute peine moquée! Il ne put se contenir. Il chercha le journaliste, s'informa, le joignit dans un café, et sans rien dire, montrant du doigt l'article, il leva la main vers le visage du plumitif moustachu et voûté. Mais l'autre bondit: un colosse! Cavanon sentit la canne s'abattre sur lui, un verre cogner sa face, le sang et le vin couler le long de sa chair. On hurlait. On l'emmena.

Il reprit conscience chez le pharmacien.

Quelques heures après, à l'hôtel où Cassénat l'avait rejoint, il entendait un crieur annoncer dans la rue la septième édition de *la Revanche républicaine*. L'article de dernière heure contait « la maîtresse correction » et pour conclure ainsi : « A l'heure tardive où nous mettons sous presse, le baron rossé n'a pas encore donné signe de vie. L'épée des preux se serait-elle rouillée dans le fourreau depuis les croisades ? »

Cassénat prit son chapeau et partit avec un mot de Cavanon pour découvrir le second témoin.

En cet hôtel, Karl passa la nuit sans pouvoir se reprendre. La fureur et le désespoir se heurtaient dans le chaos d'ombre de son esprit. Une chose cependant lui ressurgit à la mémoire. Pour Maria Pia aussi, il avait été battu après une ignoble rencontre. Le rival alors était un équivoque monsieur qui louait des voitures de remise aux actrices. Elle l'avait choisi pour sa carrure de colporteur, sa grossièreté sans doute drôle. « Tu t'incarneras donc jusqu'au bout, pensa-t-il, dans l'image de Maria, ô plèbe ! Je gravirai pour toi les mêmes degrés du calvaire, les mêmes degrés de boue. Déjà tu t'échappais de notre maison afin de courir furtivement la nuit à ton amant, Alcool...; et voici que tu me fais battre par cet homme infâme, qui loue sa plume aux exploiteurs de tes instincts. Courtisane et plèbe, vous êtes donc la même, la même... Le triste pot-au-feu du vice mijote sur un feu pareil, pour elle et pour toi. »

Il prévit la mort. Cela le fit songer à Valentine. « Certes, je n'oserai lui offrir mon nom. Et cependant la disciple doit avoir de la vertu dans son cœur. Aimer, pour voir, un être de vertu ! »

Cassénat revint avec l'ami.

— Eh bien ?

— Demain, dix heures ! le pistolet, Une balle à vingt-cinq pas...

— Ah ! non ! je vous avais prié...

— L'épée ! Ils ne veulent rien savoir. Ils réclament la qualité d'offensé. De fait, vous avez levé le premier la main. Nous ne voulions pas que l'affaire traînât. Autrement c'était l'arbitrage, huit jours de pourparlers.

Le lendemain, sur une plaine de neige, un soldat, choisi parmi les plus grands de la ville, témoin de l'adversaire sautait en comptant les bonds. La distance devint ridicule. Le journaliste opposait une silhouette haute, sans épaisseur. Le feu commandé, deux flocons de fumée montèrent, bleuâtres sur le blanc de la neige, blancs sur le gris du ciel. Après les saluts dramatiques, les voitures roulèrent en sens inverse.

Karl ne parlait pas. Dès que l'auberge

d'Horace fut sur l'horizon, ils entendirent chanter les grévistes :

> Au bout du canon
> Le baron !

— Ils reprennent le chant de Carmaux! observa le casseur de pierres.

Presque aussitôt les gendarmes à cheval les entourèrent. Ils protégeraient la voiture. Les grévistes croyaient le journaliste mort ; ils parlaient de vengeance.

Il fallut que la berline s'engageât par les champs et prît le galop. Au détour d'un bois, Karl vit, par la portière, la horde des chanteurs couvrant la route. C'était une chose d'ombre, agitée de gestes imprécis, ondulant selon la courbe du chemin. Le chant s'entendait à peine. Soudain, il y eut un frissonnement au long de la bête. Elle parut s'arrêter. Du milieu une lueur brilla... brève, une autre et des détonations roulèrent.

— Ils tirent sur nous, dit Cassénat.

— A cette distance !

— Et avec des revolvers !

— Faut-il que la fureur soit grande?

La clameur leur vint comme d'outre-terre. La bête n'était plus qu'une sorte de couleuvre sombre, écrasée entre le ciel noirâtre et la plaine de neige.

Au château, M*me* Cassénat ne paraissait même plus. Les lampes apportées ne rendirent pas la joie. On resta dans la bibliothèque avec les livres.

A peine osait-on voir Cavanon abattu dans son fauteuil, la face morte.

Cependant Marthe finit par le conseiller :

— Renonce au peuple, Karl, il faut renoncer.

— Encore une fois, encore renoncer !

— Hé quoi, iras-tu par le monde, afin de sauver tous les papillons des flammes vers lesquelles ils volent? Ton œuvre est aussi imprudente. Il faut que l'espèce des papillons ait acquis, par le développement et l'expérience, le savoir de ne se pas brûler. Laisse aussi le peuple à son évolution.

— Ce n'est pas le devoir, ce n'est pas la beauté.

— Le devoir ! mais ce que tu organises et ce que tu prêches tourne au malheur même du peuple. Tu as voulu sauver celui-ci. Le voilà qui se donne à ses plus terribles maîtres. Tu nuis au peuple, comme tu nuisis à la courtisane. Elle se reposait de ton trop bel amour dans la compagnie des bookmakers et des cabotins. Tu la dépravas, croyant l'élever. Ainsi du peuple...

Dans la nuit une rumeur naquit parmi les commandements militaires, la cadence du pas de troupe et le trot étouffé des chevaux sur la neige.

Au coin des bâtisses, les deux mille voix du peuple grandirent, assaillirent la nuit.

— A mort le baron ! A mort ! à mort !

Furieuse, Marthe appela le brigadier des piqueurs :

— On chassera demain... Prévenez les gardes... Que les chevaux soient prêts à neuf heures... Baptiste ira relever le pied... Nous lancerons le ragot du Bois-Bleu... Rendez-vous aux Croix-de-Fer... Entendu?

— Oui, madame.

— Et la grande livrée... le bouton des galas. Il gèle cette nuit; la neige sera ferme. On a ferré à glace les hunters, n'est-ce pas? Bonsoir. Neuf heures ! Le grand équipage ! Tout le monde, piqueurs et gardes, sur le rang !

Des cris perçants couvrirent la rumeur du peuple. Mme Cassénat avait une attaque de nerfs.

Le notaire vint dans la nuit avec un contrat de vente et une lettre de la préfecture.

— Nous signerons, dit Marthe. N'hésite pas, Karl. D'ailleurs, tu es pauvre. Moi, je ne donnerai plus un sou. Signe avec moi. On ne nous vole qu'à moitié... c'est gentil.

— Tante, ce trait de plume va livrer des troupeaux d'esclaves à la richesse de quelques marchands. Tante !...

Marthe ne répondit rien. Elle alla vers la table. Le notaire, froissé de la réception, resta, devant le contrat préparé, lui debout, les bras croisés sur les grands revers d'une redingote jacobine.

Karl vit Marthe pencher sa tête poudrée, le corps robuste s'infléchir dans la robe pompadour... Il la vit traçant les lettres irrévocables.

Un sanglot étrangla la gorge du casseur de pierres, sans qu'il le pût émettre, et cette angoisse physique l'étouffa. Toute la vie lui manquait.

Il se leva, signa, se réfugia dans la bibliothèque à pas silencieux.

De suite il eut à l'œil le sourire perversement fou de l'Ophélie peinte. Comme il la regardait avec insistance, une hallucination lui montra les lèvres qui s'étiraient, les yeux méchants qui caracolaient pour se réjouir.

Karl se laissa choir devant la table, très longue. Il s'y étalait encore des plans d'architecte pour la construction d'un théâtre, les lavis frais, une coupe montrant les stalles, la scène où il avait voulu faire parader les filles du phalanstère en costumes de féerie.

L'ingratitude des hommes le toucha davantage. Les choses oscillèrent dans son regard mouillé.

Il retrouva, éparses par la pièce, les hardes du casseur de pierres, la chemise rouge, la veste de velours brun, le feutre, les guêtres, tout ce qu'il avait réalisé pour embellir l'homme à la peine, l'anoblir, lui donner le goût de soi et de son esprit. Il souhaita de pleurer.

« Pourquoi la tristesse égoïste ? pensa-t-il. Je ne cherchais pas la reconnaissance du peuple. Mon désir de beauté a failli, voilà tout. Un autre décor ! »

Il rejeta le costume de travail sur le divan, aux pieds de l'Ophélie mauvaise ; et ses regards visitèrent les volumes laissés sur la table, afin d'y lire un motif nouveau de vivre. Il porta les mains sur les papiers de Valentine : « Elle ne voudrait pas... » dit-il tout haut.

Le clavier consolateur le tentait. Assis devant les touches, il retrouvait ses doigts virtuoses qui agirent, indépendants presque.

Les écluses de sa douleur furent levées, et le flot d'amertume s'épancha dans la voix ressuscitée des cordes.

Cela lui fut un apaisement ; et, comme

il se rassérénait, plein de résignation, il eut le sentiment d'une présence humaine dans la pièce.

Des bandeaux d'or rouge couvraient le visage de la fluette créature en robe de brocart blanc où des herbes marines étaient brodées. Elle lui sembla une statuette d'orfèvrerie à la tête d'or, aux mains de perle, à la robe d'albâtre et d'émeraude.

— Terre-neuve ! dit-elle, ne vous consolerai-je pas ?

Il lui sourit. Elle restait sur le divan, à demi étendue parmi les hardes du casseur de pierres, sous les pieds de l'Ophélie. Depuis longtemps, certes, elle écoutait la douleur musicienne...

— Dites-moi, reprit-elle encore, ne suis-je pas une belle antithèse de théâtre, dans ce costume de fête, parmi la déroute du passé ?

Elle se leva, les mains étendues, et tourna

joliment dans la robe fluette, pareille à une tige blanche :

— Hein, terre-neuve ?...

Si, en palpitant sous le brocart serré du fourreau, le cœur vierge haussait à la lumière la fleur d'une damassure qui luisait et s'éteignait selon l'émoi du sein, Valentine portait aux yeux la certitude d'être le destin de l'heure. Ses prunelles brunes semblèrent à Cavanon pleines de lumière forte, comme ces pierres d'aventurine semées de points d'or et qui, tout à coup, deviennent la seule clarté du métal. Elle lui parut le sort nécessaire.

Cependant il se dérobait, malgré qu'elle avançât, malgré qu'elle lui imposât de toute la clarté de son adolescence l'attestation d'un triomphe réel, terrassant les rêves morts.

Il ne la trouvait plus assez distincte de Maria Pia dont le sourire en blessure se fendait au milieu du tableau, derrière l'enfant. Peut-être remonterait-il encore tout le calvaire, un autre, et le même, dérisoire, depuis la jonchée des illusions que flétrit l'accoutumance, jusqu'à cette peur de la mort, cette peur ignoble dont avait tremblé sa chair, démentant le courage de l'esprit, aux deux nuits, où, pour Maria Pia, pour la plèbe, il avait attendu le matin d'un duel.

Et ce fut sans confiance, avec la seule acceptation du destin marqué, qu'il saisit, afin de plaire au sourire de l'enfant victorieuse, le flambeau d'argent ; qu'il approcha la petite flamme du grand portrait étroit, qu'il laissa la brûlure mordre le vernis de l'image mauvaise.

.....Dans une brève volute de feu qui ronfla, l'Ophélie perverse s'était envolée. Il flotta, par la chambre, une nue de fumée noire et bleuâtre que ponctuèrent, émanées de la figure détruite, mille étincelles, mille atomes d'or identiques à ceux de la pierre aventurine, identiques aux yeux offerts par la nouvelle annonciatrice du bonheur.

Valentine, sur le visage viril qui livrait sincèrement sa loyauté, déchiffra cette défiance. Le tumulte d'une douleur l'envahit, la secoua, la précipita contre la poitrine accueillante de Karl ; et elle cria, de l'accent même d'une petite écolière menacée :

— Moi, je ne mentirai pas, non, je ne mentirai pas, moi !... moi !... moi.

www.ingramcontent.com/pod-product-compliance
Lightning Source LLC
Chambersburg PA
CBHW071515160426
43196CB00010B/1526